행복한 결혼생활을 위한
9가지 포인트

THE MARRIAGE YOU'VE ALWAYS WANTED
by Gary Chapman

This book was first published in the United States by Moody Publishers,
820 N. LaSalle Blvd., Chicago, Illinois, 60610,
with the title *The Marriage You've Always Wanted*.
Copyright © 2005 by Gary Chapman
Previously published as Dr. Gary Chapman on the Marriage You've Always Wanted.
All rights reserved.

Korean Edition published by Word of Life Press, Seoul, 2010.
Translated by permission.
Printed in Korea.

행복한 결혼생활을 위한
9가지 포인트

ⓒ 생명의말씀사 2010, 2013

2010년 5월 25일 1판 1쇄 발행
2011년 7월 25일　　 2쇄 발행
2013년 10월 30일 2판 1쇄 발행
2023년 10월 24일　　 6쇄 발행

펴낸이 | 김창영
펴낸곳 | 생명의말씀사

등록 | 1962. 1. 10. No.300-1962-1
주소 | 서울시 종로구 경희궁1길 6 (03176)
전화 | 02)738-6555(본사) · 02)3159-7979(영업)
팩스 | 02)739-3824(본사) · 080-022-8585(영업)

기획편집 | 임선희, 전보아
디자인 | 윤보람
인쇄 | 주손디앤피
제본 | 주손디앤피

ISBN 978-89-04-14134-0 (03230)

저작권자의 허락없이 이 책의 일부 또는 전체를
무단 복제, 전재, 발췌하면 저작권법에 의해 처벌을 받습니다.

행복한 결혼생활을 위한
9가지 포인트

게리 채프먼 지음 | 김태곤 옮김

생명의말씀사

THE MARRIAGE
YOU'VE ALWAYS
WANTED

시작하는 글

부부의 행복,
거저 주어지는 것이 아니다

조지 바나 연구소의 조사에 의하면, 미국의 '거듭난' 그리스도인들(예수 그리스도를 구주로 영접한 사람들)의 35퍼센트가 이혼 경험이 있다. 더욱이 그중 거의 4분의 1에 해당하는 23퍼센트가 두 번 이상 이혼했다. 누군가 "그래도 그리스도인들이 불신자들보다는 낫겠지."라고 말할지 모르겠다. 하지만 조사 결과 그리스도인과 불신자의 이혼율은 35퍼센트로 동일하다![1]

베이비붐 세대 이후로 젊은 세대일수록 이혼율이 높다. 어떤 사람은 오늘 결혼하는 커플 중 절반이 언젠가는 헤어질 것이라 추정하기도 한다. 예수 그리스도를 사랑하며 따르는 사람들 중에도 그분이 약속하신

---

1) The Barna Group, "Born Again Christians Just As Likely to Divorce as Are Non-Christians," 2004년 9월 8일, The Barna Update, http://www.barna.org.

'풍성한 삶'과는 거리가 먼 방식으로 살고 있는 자들이 많다.

분명 그리스도인인 것과 '사랑에 빠져 있다'는 사실이 성공적인 결혼을 보장해주지는 않는다. 여러 해 동안 상담을 해오면서 나는 "제 배우자는 정말 완벽한 사람이에요."라고 했다가 "제 배우자 때문에 미치겠어요!"라고 말하는 부부들을 많이 보아 왔다. 서로를 천생연분으로 여기던 부부들이 어떻게 몇 달 만에 원수 같은 관계로 추락하게 되는 것일까?

이전부터 내려오는 "부부간의 행복은 거저 주어지는 것이 아니다."라는 말은 모든 세대가 다시 배워야 할 교훈이다.

다행히도 하나님은 우리를 그대로 방치해 두지 않으셨다. 하나님은 성경을 통해 우리가 예수님 안에서 어떻게 살아야 하는지 알려주신다. 신혼부부든 오래된 부부든, 모든 남편과 아내는 세월의 검증을 거친 이 심오한 지혜를 통해 배우며 성장할 수 있다.

수많은 부부와 대화하고 상담해본 결과 나는 성경에 기초한 진리들의 가치를 확인할 수 있었다. 성경의 진리는 확실히 효력이 있다.

물론 진리를 머리로만 안다고 해서 결실을 얻을 수 있는 것은 아니다. 그 진리를 직접 삶에 적용할 때 비로소 열매를 맺을 수 있다. 이 책을 읽고 머리를 끄덕이며 "채프먼 박사의 말이 맞아!"라고 말하는 데서 그치지 말라. 각 장에 마련된 '부부행복 실천연습'을 배우자와 함께 채워보라. 이 책에 제시된 내용을 읽고 묵상하고 토론하면서, 결혼을 지으시고 돌보시는 하나님께 당신의 결혼을 기도하는 마음으로 맡겨 드리기 바란다.

_ 게리 채프먼

차례

■ 시작하는 글 _부부의 행복, 거저 주어지는 것이 아니다 • 5

1장 결혼의 목적 "왜 결혼해야 할까?" • 14
친교와 헌신, 그리고… | '하나됨'의 진정한 의미

2장 변화의 첫걸음 "내가 뭘 잘못했지?" • 22
눈 속에서 들보 빼내기 | 죄 목록 작성하기 | 하나님의 용서 받아들이기 | 깨끗한 양심으로 | 어떻게 하면 벽을 허물 수 있을까? | 작은 벽이 커질 때 | 벽이 무너지다 | 회개는 용서를, 용서는 회복을 | 우리 자신의 힘이 아니다 | 더 나은 결혼생활을 위한 6가지 방법 | 자백의 힘

3장 사랑의 진정한 의미 "사랑 표현, 왜 그렇게 어렵나…" • 50
사랑에 대한 최고의 묘사 | 더 이상 사랑스럽지 않을 때 | 자신의 한계를 넘어 | 배우자를 세우는 말 | 칭찬의 힘 | 말로 사랑 표현하기 | 행동으로 표현하기 | 불완전함을 받아들일 때

4장 의사소통 "내 말 좀 들어봐요!" · 72

의지적 행위 | 더 깊은 대화 | 몹시 화가 날 때는 | 경청과 배려 | 의사소통의 장벽 극복하기

5장 역할 분담 "누가 어떤 일을 담당할까?" · 96

편견의 굴레에서 벗어나 | 아담과 하와에게 맡겨진 역할 | 일, 가족, 그리고 선택 | 부양자 이신 하나님 | 일하는 아내, 위축된 남편 | 균형 찾기 | 한 팀으로서 협력하기

6장 의사 결정 "남자가 여자의 머리라고?" · 114

그리스도의 머리는 하나님 | 남자가 여자의 머리? | 하나됨을 추구하라 | '복종'의 참의미 | 차이점을 통해 일치점 찾기

THE MARRIAGE YOU'VE ALWAYS WANTED

7장 부부 관계 "성생활에 노력이 필요하다?" · 132
성적 연합의 장벽 | 과거의 경험 극복하기 | 솔직하게 표현하라 | 성관계를 갖는 이유 | 성경에서의 '즐거움' | 신혼여행, 그리고 그 이후 | 남녀의 차이

8장 부모 떠나기와 공경 "부모님이 놓아주시지 않아요!" · 156
부모 떠나기 | 부모의 지혜를 참작하라 | 공경하는 것 | 부모로서 고려할 사항

9장 사랑과 돈 "더 많이 갖고 싶은데…" · 172
더 많음 vs 더 나음 | 하나님이 주신 것 활용하기 | 나+너=우리 | 재정적 하나됨 | 큰 지출이 있을 때 | 예산을 계획하라 | 저축을 계획하라 | 신용카드 | 창의적인 예산 편성 | 가계부 관리

■ 마치는 글 _ 내가 먼저 그런 배우자가 되자 · 194

THE MARRIAGE YOU'VE

왜 결혼해야 할까?

내가 뭘 잘못했지?

사랑 표현, 왜 그렇게 어렵나…

내 말 좀 들어봐요!

누가 어떤 일을 담당할까?

남자가 여자의 머리라고?

성생활에 노력이 필요하다?

부모님이 놓아주시지 않아요!

더 많이 갖고 싶은데…

ALWAYS WANTED

1
결혼의 목적
"왜 결혼해야 할까?"

결혼생활을 잘하는 방법을 얘기하기 전에 우리는 먼저 "결혼의 목적은 무엇인가?"라는 질문을 충분히 생각해 봐야 한다. 만일 친구들에게 위의 질문을 던진다면 그들은 뭐라고 대답할까? 결혼 여부에 상관없이 답변자들로부터 받은 대답은 다음과 같다.

성관계
친교
사랑
자녀의 출산과 양육
사회적 인정

경제적 이득

안전

"하지만 저런 것들은 결혼하지 않아도 모두 얻을 수 있어요."라고 주장하는 사람들도 있다. 성관계를 위해서라면 굳이 결혼할 필요가 없다는 것은 우리 사회에서 공공연하게 알고 있는 사실이다. 최근의 자료에 의하면, 세대주들의 절반이 독신인 이 시대에 결혼은 더 이상 사회적인 인정이나 경제적인 이득을 보장해주지 않는다. 요즘은 동거가 늘어나는 추세다. 사랑, 안전, 친교, 자녀 출산과 양육은 결혼하지 않으면 얻을 수 없을까? 그렇다면 결혼하는 이유는 무엇일까?

이 질문들에 충분히 답하기 위해서는 하나님의 지혜를 구하고, 믿음의 눈으로 볼 필요가 있다. 성경은 상당히 다른 그림을 제시한다. 창세기에서 우리는 결혼에 대한 하나님의 뜻을 엿볼 수 있다. 하나님은 두 사람의 삶을 하나의 새로운 단일체로 깊이 있게 연합시켜 그 둘을 만족시켰을 뿐 아니라, 그분의 귀한 목적도 이루셨다.

친교와 헌신, 그리고⋯

우리는 친교를 갈망하는 사회적인 존재다. 하나님은 친히 아담에게 "사람의 독처하는 것이 좋지 못하니"라고 말씀하셨다(창 2:18). 이 말씀은 인간의 타락 전에 주어진 것이며, 이미 아담은 하나님과 따뜻하고 친근한 교제를 나누고 있었다. 그러나 하나님은 "그것만으로 충분하지 않다!"고 하셨다.

하나님은 남자의 부족함을 채우기 위해 여자를 지으셨다(창 2:18). 이 구절에 사용된 히브리어의 문자적 의미는 '대면하여'이다. 말하자면 하나님은 아담과 대면하여 교제를 나눌 수 있는 상대를 지으신 것이다. 그것은 사람의 마음속에 있는 깊은 갈망을 만족시키는 견고한 연합을 위한 개인적인 관계다. 결혼은 인간의 가장 깊은 욕구, 즉 서로간의 삶의 연합을 위한 욕구에 대한 하나님의 응답이었다.

이 연합에는 삶의 모든 부분이 포함된다. 신체적인 관계, 정서적으로 서로 의지하는 것만 말하는 것이 아니다. 그것은 두 사람의 삶이 지적, 사회적, 영적, 정서적, 신체적 차원에서 전적으로 연합하는 것이다.

이런 연합은 깊고 지속적인 헌신 없이는 이루어질 수 없다. 결혼은 단순히 성관계를 허락하는 약정도, 자녀 양육을 위한 사회적인 제도도 아니다. 우리에게 필요한 정서적인 지원을 얻게 해주는 심리학적 클리닉 이상이며, 사회적·경제적 안정을 얻기 위한 방편 그 이상이다. 사랑과 친교가 귀한 것이기는 하지만 결혼이 이러한 것들을 위한 방편일 경우에는 결혼의 궁극적인 목적을 얻지 못한다.

결혼이 추구하는 최고 목적은 '두 개인이 삶의 모든 영역에서 가장 깊은 차원으로 연합하는 것'이다. 이 연합을 통해 부부의 만족감은 극

대화되고, 그들의 삶을 위한 하나님의 계획도 이루어지는 것이다.

'하나됨'의 진정한 의미

단지 결혼한다고 해서 연합이 보증되는 것은 아니다. '연합되는 것'과 '연합'에는 차이가 있다. 어느 설교자가 이렇게 말했다. "고양이 두 마리의 꼬리를 묶어 담장에 걸쳐 둔다면 이들의 연합은 고통스러운 것이다."

연합과 관련한 가장 좋은 성경적인 본보기는 '하나님'이다. 하나님은 "이러므로 남자가 부모를 떠나 그 아내와 연합하여 둘이 '한' 몸을 이룰지로다"(창 2:24)라고 말씀하신다. 여기서 "한"에 해당하는 히브리어는 신명기 6장 4절에서 하나님이 스스로를 지칭하며 사용하신 것과 같은 단어다. "이스라엘아 들으라 우리 하나님 여호와는 오직 '하나'인 여호와시니"

"하나"란 절대적인 연합이 아니라 복합적인 연합을 뜻한다. 성경은 하나님을 아버지와 아들과 성령으로 계시한다. 세 하나님이 아니라 삼위일체의 한 하나님이다. 삼위일체를 설명하는 방식은 참 다양하지만 모두가 어떤 면에서 부족함을 보인다. 그중 가장 흔한 설명 방식은 다음 그림과 같다.

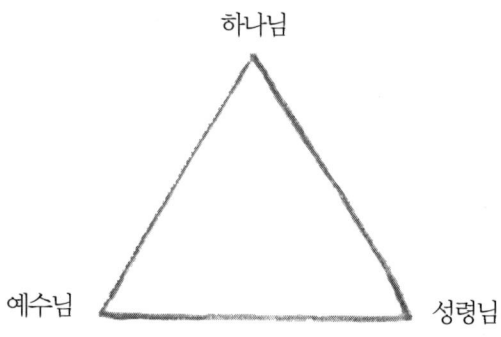

위의 삼각형을 어느 면으로 세우든 상관없다. 하나님은 하나이시기 때문에 아버지와 아들과 성령의 위치도 바뀔 수 있다. 그렇지만 삼각형의 한 면을 지우거나 한 분을 제거할 수는 없다. 세 면이 함께 세워져 있어야 한다. 하나님은 삼위이시며 하나이시다. 이 개념을 온전히 이해할 수는 없지만 하나님을 이런 식으로 언급해야 한다. 그분이 스스로를 우리에게 이렇게 계시하셨기 때문이다. 만일 하나님이 스스로를 삼위일체로 계시하지 않으셨다면 우리는 삼위일체 하나님을 알지 못할 것이다. 우리가 삼위일체를 연합으로 아는 것은 하나님이 그렇게 계시하셨기 때문이다.

하나님은 연합이시다. 그런가 하면 하나님은 다양하시기도 하다. 삼위일체의 삼위가 구분되지 않는다고 말하는 것은 올바르지 않다. 엄격히 말해서 우리를 위해 십자가에 달리신 이는 성령 하나님이 아니다. 그것은 성자 하나님의 사역이었다. 신자 안에 내주하시는 이는 성부 하나님이 아니라 성령 하나님이다. 성부와 성자와 성령은 다른 역할을 하지만 하나이시다. 삼위가 분리된 존재로서 사역하시는 것은 아니다. "우리의 형상을 따라" 사람을 만들자고 하신 창세기 1장 26절 말씀으로부터 요한계시록 22장 16-21절에 이르기까지 우리는 삼위일체 하나님이 복합적인 하나로서 함께 사역하심을 발견할 수 있다.

그렇다면 이 신성한 연합이 결혼과는 어떤 연관이 있을까? 다음의 삼각형을 살펴보자.

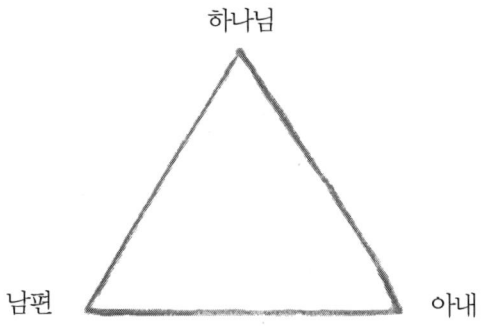

이번에는 삼각형을 아무렇게나 세워서는 안 된다. 하나님이 그리스도인의 결혼의 정점에 위치하셔야 한다. 그러나 삼각형에서 '남편'과 '아내'의 위치는 바뀔 수 있다. 그들은 하나이기 때문이다.

개인주의적인 이 시대에 '연합'은 존중받는 개념이 아니다. 그러나 부부간의 연합은 각자의 개성을 없애는 것이 아닌 각자의 개성을 자유롭게 표현하되 배우자와의 온전한 하나됨을 경험하게 하는 연합이다.

우리는 하나님의 의도대로 결혼을 통한 연합을 경험하고, 그분의 의도에 맞는 개성을 지닌 존재로 살아갈 자유를 지니고 있다. 이보다 더 자유롭고 만족스러운 사실도 없을 것이다.

새 생활을 방금 시작한 신혼부부든, 아니면 여러 가지 어려움을 극복해온 오래 된 부부든 결혼의 목표를 명심해야 한다. 그 목표란 삶의 모든 영역에서 가장 깊은 차원의 연합을 이루는 것이다. 어쩌면 이 목표를 이루기 힘든 꿈이라고 여길지 모르겠다. 그러나 적극적으로 노력한다면 그것은 현실이 될 수 있다.

지적 하나됨이란 어떤 것일까? 친교적 하나됨, 영적 하나됨, 신체적 하나됨이란 무엇을 말하는 것일까? 포기하지 말라. 당신은 새로운 발견을 하기 직전일 수도 있다.

이렇게 말하는 사람이 있을 수 있다. "제 배우자는 저와 함께 노력할 의사가 없어요.", "저 혼자서 그 모든 걸 할 수 없어요." 옳은 말이다. 그러나 당신은 혼자서 '무엇인가'를 할 수 있다. 그리고 바로 그 무엇인가를 하나님이 사용하셔서 당신의 배우자를 변화시키실 수 있다.

나는 다음 장에서 논의될 원칙이 부부간의 행복과 건강을 위한 으뜸 원칙이라고 믿는다. 주의 깊게 읽고 명석하게 생각하기를 바란다. 그리고 각 장의 끝에 있는 과제를 잊지 말고 해보라.

THE MARRIAGE YOU'VE ALWAYS WANTED

부부행복 실천연습 1

1. 당신의 결혼생활을 찬찬히 살펴보라. 결혼생활이 개선되기 위해서는 자신의 약점을 알아야 한다. 각 연합에서 당신이 배우자와의 관계에서 느끼는 바를 간단히 적어 보라. 이 영역들 중에서 하나됨이 가장 미흡한 영역은 어디라고 생각되는가? 그 영역에서의 개선을 위해 당신이 할 수 있는 일은 무엇인가?

	느낀 점	개선 방법
친교적 하나됨		
지적 하나됨		
신체적 하나됨		
영적 하나됨		

2. 배우자에게 본 장을 읽게 하고 위의 질문에 대답하도록 권해보라. 즐거운 마음으로 성장을 향해 마음을 열고, 더 하나될 수 있도록 서로 노력하기로 합의하라. 한 번에 한 영역에 집중하라.

2
변화의 첫걸음
"내가 뭘 잘못했지?"

어느 날 내 사무실로 질이 가벼운 미소를 지으며 들어섰다. 나는 그녀와 인사를 나눈 후 "무슨 일로 오셨어요?"라고 물었다. 그러자 이내 그녀의 얼굴에서 미소가 사라지더니 눈물을 글썽이기 시작했다.

"아, 정말 모르겠어요. 너무 복잡해요. 이제는 지긋지긋해요. 결혼생활 문제예요. 밥과 저는 서로를 이해하지 못하는 것 같아요. 그래서 말다툼하는 시간이 많죠. 모든 걸 다 포기하고 싶은 날도 있답니다."

"주로 어떤 일로 말다툼을 하나요?"

"여러 가지 일로 다퉈요. 밥은 저를 잘 돕지 않아요. 아이를 돌보거나 집안일을 거드는 적이 거의 없어요. 그는 온종일 일하느라 힘을 다 쏟아서 힘들다고 말하지만, 저 역시 하루 종일 힘든 건 마찬가지랍니다.

그는 토요일에 건강 관리와 회복을 위해 골프를 쳐야 한다고 하는데, 저도 제 건강을 위해서 뭔가를 하고 싶은 마음이 굴뚝 같아요. 하지만 누군가가 아이들을 보살피고 집 청소를 해야 하니까 그럴 수가 없어요. 밥이 저를 도와준다면 우리 둘 다 여가 시간을 누릴 수 있을 거예요."

2주 후에 나는 밥과 얘기를 나누며 물었다. "질과의 관계에서 어떤 문제가 있다고 생각하세요?"

"질은 저에게 너무 많은 것을 요구해요. 결혼할 때 저는 어머니의 잔소리에서 벗어난다고 생각했는데 질은 어머니보다 잔소리를 더 심하게 해요. 일단 그녀는 만족할 줄 몰라요. 제가 청소기를 돌리면 그녀는 제게 왜 옷을 개지 않았느냐며 따져요. 그녀에게는 제가 좋은 남편이 아닙니다. 그래서 이제 저는 아예 시도조차 하지 않으려고요. 게다가 우리는 서로를 가까이하려고도 하지 않아요."

"부부관계를 말씀하시는 건가요?"

"네, 아이들이 태어난 후로 1년에 2번 정도만 부부관계를 해요. 결혼생활이 이러면 안 된다고 생각하지만, 아내에게 이 문제에 대해 언급하고 싶지도 않습니다."

질과 밥은 서로의 관계에서 심각한 문제를 갖고 있다. 하지만 두 사람 모두 상대방이 문제라고 생각한다. 즉 상대방이 변하면 결혼생활이 좋아질 것이라 믿고 있다.

둘은 본질적으로 같은 말을 하고 있다.

"제 배우자가 문제입니다. 저는 기본적으로 좋은 사람이지만 제 배우자가 저를 이렇게 비참하게 만들었어요."

언제나 이런 식이다. 우리는 배우자에게 자신의 감정을 터뜨리고, 자신의 문제가 배우자의 잘못 때문이라고 말한다.

부부를 상담할 때 나는 그들에게 종이와 펜을 주고 배우자의 싫어하는 점을 적어보라고 한다. 그러면 어떤 사람들은 종이를 더 달라고 한다. 그야말로 수두룩 빽빽하게 써내려간다. 잠시 후 나는 그들에게 자신의 단점도 적어보라고 한다. 재미있게도 그들 대부분은 자신의 단점 한 가지를 곧바로 생각해내서 적는다. 그러나 두 번째 단점은 한참 동안 생각한다. 두 번째 단점을 아예 찾아내지 못하는 사람들도 있다. 놀랍지 않은가? 나의 단점은 거의 없지만(또는 기껏해야 서너 개지만) 배우자의 단점은 엄청나게 많다!

눈 속에서 들보 빼내기

배우자의 잘못이 고쳐지기만 하면 결혼생활이 행복할 것이라고 생각하는 사람이 많다. 그래서 잔소리를 늘어놓고, 안달하고, 요구하고, 울고, 포기하고, 낙심한다. 하지만 이러한 행동은 본인에게 아무런 유익을 가져다주지 않는다.

나의 배우자는 변하지 않는다. 따라서 나는 비참해질 수밖에 없다. 그렇게 믿고 있지 않은가? 그러나 배우자의 태도에 상관없이 당신의 결혼생활은 오늘부터 나아질 수 있다.

마태복음 7장 1-5절에서 예수님이 그 전략을 제시하신다. 나는 이 말씀의 원칙을 결혼생활에 적용하기 위해 "형제"를 "배우자"로 바꾸었다.

"비판을 받지 아니하려거든 비판하지 말라 너희의 비판하는 그 비판으로 너희가 비판을 받을 것이요 너희의 헤아리는 그 헤아림으로 너희가 헤아림을 받을 것이니라 어찌하여 '배우자'의 눈 속에 있는 티는 보고 네 눈 속에 있는 들보는 깨닫지 못하느냐 보라 네 눈 속에 들보가 있는데 어찌하여 '배우자'에게 말하기를 나로 네 눈 속에 있는 티를 빼게 하라 하겠느냐 외식하는 자여 먼저 네 눈 속에서 들보를 빼어라 그 후에야 밝히 보고 '배우자'의 눈 속에서 티를 빼리라."

오해하지 말기 바란다. 누구를 가리켜 위선자라고 말하는 것이 아니다. 예수님이 가르치신 원칙을 말하려는 것뿐이다. 예수님의 말씀에 의하면, 어떤 사람이 배우자를 변화시켜(상대방의 눈에서 티를 뽑아내려고 애씀으로) 결혼생활을 개선시키려 한다면 그것은 에너지를 낭비하는 셈이다.

문제를 해결하려면 먼저 자신의 단점을(자기 눈에 있는 들보를) 깨닫는 데서 시작해야 한다. 이것은 배우자에게 단점이나 결함이 없다는 말이 아니라 배우자의 단점을 먼저 고치게 하려 해서는 안 된다는 점을 말하고 있다. 부부간에 문제가 생겼을 때 제일 먼저 던져야 할 질문은 "내가 잘못한 것이 무엇일까? 나의 단점은 무엇일까?"이다.

문제의 95퍼센트가 배우자에게 있다고 믿기 때문에 이런 접근법이 어색하게 느껴질 수 있다. 당신의 잘못은 5퍼센트를 넘지 않을 정도로 아주 작을 뿐이다. 곰곰이 생각해보면 이 비율이 바뀔 수 있지만, 이 비율이 사실이라고 가정하자. 비록 당신에게 문제의 5퍼센트만 있다고 하더라도 개선의 열쇠는 당신에게 있다. 예수님은 "먼저 네 눈 속에서 들보를 빼어라" 말씀하셨다.

당신의 눈 속에 있는 '들보'를 어떻게 빼낼 수 있을까? 당신이 큰소리를 지를 수 있는 상황에서 먼저 하나님과 함께하는 시간을 가지기 바란다(배우자에게 정말 심한 적개심을 느낀다면 먼저 그의 단점을 적어보는 시간을 가져라. 이를 통해 당신은 심리적으로 안정되어 당신 자신의 단점도 찾아보고 고쳐나갈 수 있다).

죄 목록 작성하기

이제 하나님과 함께하는 시간에 이렇게 여쭈어보라.

"주님, 저에게 무슨 잘못이 있나요? 저의 단점이 무엇인가요? 저의 죄는 무엇인가요? 저는 제 배우자가 지은 죄들을 적었습니다. 하지만 제가 알고 싶은 것은 저의 죄입니다."

하나님이 그 기도에 응답해주실 것이다. 연필과 종이를 준비하고 당신이 지은 죄의 목록을 적어보라.

죄의 목록을 적으면서 당신의 내면에서 배우자에 대한 증오심을 발견할 수도 있다. 이것은 에베소서 4장 31절에서 정죄하는 죄악이다.

"너희는 모든 악독과 노함과 분냄과 떠드는 것과 훼방하는 것을 모든 악의와 함께 버리고"

배우자가 당신이 부정적인 감정을 갖도록 만들었을 수도 있지만, 결국 증오심이 자라도록 허용한 사람은 바로 당신 자신이다. 하나님의 피조물에게 쓴 감정을 품는 것은 옳지 않다.

그리고 배우자에 대해 몰인정했음을 발견할 수도 있다. 이것은 에베소서 4장 32절의 명령을 범하는 죄악이다.

"서로 인자하게 하며 불쌍히 여기며 서로 용서하기를 하나님이 그리스도 안에서 너희를 용서하심과 같이 하라"

누군가 "하지만 제 배우자는 도무지 인자한 마음을 가질 수 없게 만들어요."라고 말할지 모르겠다. 그러나 인자한 마음을 가질 것인지의 여부를 결정하는 사람은 바로 당신이다.

배우자에 대한 사랑이 부족함을 발견할 수도 있다. 이 점에 대해서는 3장에서 더 논의하겠다. 여기서는 고린도전서 13장 4-5절에 묘사된 '사랑'이 감정보다는 행동이나 태도를 말하는 것임을 기억하자.

"사랑은 오래 참고 사랑은 온유하며 투기하는 자가 되지 아니하며 사랑은 자랑하지 아니하며 교만하지 아니하며 무례히 행치 아니하며 자기의 유익을 구치 아니하며 성내지 아니하며 악한 것을 생각지 아니하며"

배우자를 향한 사랑을 표현하지 못하면 당신은 죄를 범한 셈이다. 성령께서 많은 죄들을 생각나게 하실 수 있다. 더 이상 생각나지 않을 때까지 하나씩 적으라. 그 후에 성경을 열어 요한일서 1장 9절을 읽으라.

"만일 우리가 우리 죄를 자백하면 저는 미쁘시고 의로우사 우리 죄를 사하시며 모든 불의에서 우리를 깨끗케 하실 것이요"

당신은 죄 목록을 작성하면서 하나님 앞에서 자신의 죄를 진정으로 자백하게 될 것이다.

하나님의 용서 받아들이기

목록을 다시 보고 하나님 앞에서 그 죄들을 고백하고 인정하는 시간을 가지라. 예수 그리스도께서 십자가에 달려 죽으심으로 우리가 용서받은 사실을 기억하며 하나님께 감사하라. 그리고 하나님께 이렇게 고백하라.

"하나님 아버지, 제가 잘못했습니다. 제가 어리석었습니다. 하지만 저는 십자가로 인하여 주님께 감사하기 원합니다. 그리스도께서 이 죄에 대한 대가를 치르셨고, 저는 죄 사함을 받았습니다. 하나님 아버지, 용서해주셔서 감사합니다."

목록에 적힌 과거의 모든 허물에 대한 하나님의 용서를 받아들이라. 하나님은 우리가 과거의 허물로 인해 정서적으로 시달리며 살기를 원하지 않으신다. 우리는 용서받을 수 있다.

깨끗한 양심으로

하나님의 용서를 받아들인 후 하나님을 경외하며 결혼생활을 개선시키는 두 번째 단계가 있다.

사도바울은 사도행전 24장 16절에서 그것을 자신의 삶의 기본적인 원칙으로 언급한다.

"이것을 인하여 나도 하나님과 사람을 대하여 항상 양심에 거리낌이 없기를 힘쓰노라"

이 구절은 정신적인 건강과 부부간의 건강한 관계를 위한 가장 중요한 원칙을 제시한다.

바울은 자신이 잘못을 범한 적이 전혀 없다고 말하지 않는다. 잘못을 범했을지라도 먼저 하나님과 사람 앞에서 깨끗한 양심을 가지려고 애쓰고 있다고 말한다.

죄를 자백할 때 하나님 앞에서 양심을 정결하게 할 수 있다. 이렇듯 배우자 앞에서 양심을 정결하게 하는 것은 배우자에게 자신의 잘못을 자백할 때다.

"배우자가 저를 용서하려 하지 않으면 어떻게 하죠?"

그것은 당신의 문제가 아니라 배우자의 문제다. 당신이 해야 할 일은 당신이 지은 잘못을 시인하고 용서를 구하는 것이다. 배우자의 반응은 당신의 책임이 아니다. 당신은 잘못을 해결함으로써 당신이 할 수 있는 일을 했다. 당신이 배우자의 죄를 자백할 수는 없지만 당신의 저지른 잘못 5퍼센트를 해결할 수는 있다.

근사한 식사를 마친 후 배우자에게 이렇게 말할 수 있다.

"여보, 오늘 하나님이 내게 깨달음을 주셨어요. 내가 당신에게 너무 잘못했다는 사실을 알게 됐어요. 그 부분에 대해 하나님께 자백했고,

이제 당신의 용서를 구하고 싶어요. 당신에게 ~를 요구한 건 정말 이기적인 행동이었어요. 내가 ~에 있어 너무 까칠하게 반응했던 것 같아요. 그리고 나는 당신이 ~를 원하는 걸 알면서도 그 요구를 채워주지 못했어요. 미안해요. 나를 용서해주겠소?"

하나님께 그랬듯이 배우자에게도 구체적으로 자백하라. 그리고 배우자에게 응답할 기회를 주라.

당신이 이렇게 할 때 어떤 일이 일어날까? 새날이 시작될 수 있다. 반대로 배우자가 "전에도 그런 말을 했잖아요. 그 말 못 믿겠어요."라고 말할 수도 있다. 이럴 때 당신이 어떻게 반응하느냐에 따라 하나님께 자백하는 시간을 다시 가져야 하는지, 아니면 결혼생활이 개선되는 길로 나아갈 것인지가 결정된다. 당신이 울분을 토하거나, 폭언을 퍼붓거나, 물건을 집어던진다면 다시금 조용히 물러나 하나님께 용서를 구해야 할 것이다.

이렇게 말하는 것은 어떨까?

"당신의 감정을 이해할 수 있어요. 물론 내가 전에도 이런 식으로 얘기한 적 있죠. 고치려고 노력했지만 잘 안 됐어요. 이번에는 다를 거라는 내 말을 당신이 믿기 힘들다는 사실을 이해해요."

앞으로의 일에 대해 성급하게 약속하지 말라. 지금은 과거를 다루고 있다. 만일 배우자가 호의적인 태도를 보인다면 안아주거나 키스를 하여 당신의 자백을 보증하기 바란다. 거부를 당하더라도 미소 지으라.

어떻게 하면 벽을 허물 수 있을까?

당신의 자백에 배우자가 어떻게 반응할지 염려하지 말라. 배우자가 무릎을 꿇고 잘못을 자백해야 한다고 생각하지 말라. 그가 그렇게 할 수도 있다. 그렇게 한다면 아주 멋진 일이다. 그러나 부정적인 감정은 그리 쉽게 사라지지 않는다. '교만'이라는 장애물을 넘어야 하는 과제가 남아 있다. 배우자에게 하나님이 역사하실 때를 기다리라. 자신의 잘못을 자백하고 하나님과 배우자 앞에 자신의 양심을 깨끗이 할 때, 당신은 배우자를 위해 할 수 있는 가장 큰일을 한 셈이다. 배우자가 같은 식의 반응을 보이지 않을 수도 있지만, 당신은 배우자가 잘못을 고백하기 더 쉽게 만들었다.

모든 사람에게 자유의지가 있기에 우리는 사람을 마음대로 조종하지 못한다. 배우자가 설령 잘못을 자백하지 않는다 하더라도 당신의 결혼생활은 더 나아질 것이다. 왜냐하면 당신이 긍정적인 자극제 역할을 하기로 결심했기 때문이다. 이제 당신은 문제의 일부가 아니라 해결책의 일부가 된다.

부부 사이의 벽이 높아지도록 방치해서 교착 상태에 빠진 부부가 많다. 벽이란 블록을 한 번에 하나씩 쌓아 만드는 것이다. 배우자가 기대를 저버리는 어떤 행동을 할 수 있다. 그것은 성적인 불만을 갖게 만드는 것처럼 큰 문제일 수도 있고, 쓰레기를 버려주지 않는 것처럼 작은 문제일 수도 있다. 우리는 그런 문제를 해결하기보다는 무시한다. '결국 아내가 나한테 기대하는 게 뭐지? 나는 내 몫을 하고 있어! 왜 아내는 내 요구를 고려하지 않는 거지?'라고 생각하면서 변명한다.

어떤 이유에서든 실망을 하나씩 무시하다보면 사랑으로 시작했던 부부 사이에 결국 높고 두터운 담이 쌓이게 된다. 그리고 어느새 대화가 끊어지고 분노만 남게 된다.

그런 벽을 어떻게 하면 무너뜨릴 수 있을까? 실망의 블록들을 하나씩 무너뜨려야 한다. 자신의 허물을 가능한 한 구체적으로 시인할 때 개선을 가로막는 장벽을 허물 수 있다. 그 벽을 양쪽에서 무너뜨리는 것이 가장 이상적이지만, 당신 쪽의 벽이라도 먼저 허문다면 배우자가 벽을 헐기 한결 쉬워질 것이다. 만일 둘 다 분리의 벽을 흔쾌히 헌다면 허물어진 벽 위에 아름다운 관계를 세울 수 있다.

일단 자백과 용서에 의해 벽이 허물어지면 뒤이은 잘못도 곧바로 자백하여 그 벽이 다시 세워지도록 허용해서는 안 된다. 자백이 하나의 생활 방식이 되어야 하는 것이다.

작은 벽이 커질 때

많은 가정에서 아침은 감정이 격해지는 시간이다. 나도 아내인 캐롤린과 그런 아침을 겪은 적이 있다. 아내는 아이들을 학교에 보내느라 부산했고 나는 출근 준비에 정신이 없었다.

"캐롤린, 내 서류 가방은 어디 있어요?"

"몰라요."

나는 더 큰 목소리로 말했다.

"어서, 캐롤린. 서둘러야 해요. 내 서류 가방은 어디 있지? 어젯밤에 화장대 옆에 두었는데 없어졌어. 당신이 어디로 치웠어요?"

"게리, 난 서류 가방이 어디 있는지 모른다고요!"

우리는 같은 얘기를 반복하며 두 번 더 공방을 벌였고, 목소리는 점점 더 높아졌다. 나는 정말 화가 났다. 아내가 내 가방을 옮긴 것이 분명했지만 그녀는 그것을 어디에 두었는지 생각하지 못할 정도로 무관심했다. 화가 난 나는 학교에 지각하면 안 된다며 아이들을 밖으로 나가게 했고, 학교생활을 잘하라면서 아이들을 다정하게 다독여주었다. 그러나 아이들을 일단 문 밖으로 내보낸 후 나는 또다시 아내에게 역정을 냈다.

아이들을 학교에 데려다주고 사무실로 가면서 "저렇게 산만한 사람과 내가 어쩌다 결혼했을까? 아, 내 중요한 서류가방…… 그게 없으면 일할 수가 없는데 어떡하지?"라며 줄곧 씩씩거렸다.

하지만 사무실로 들어서는 순간 그 문제는 해결되었다. 그 전날, 내가 서류가방을 사무실에 두고 퇴근했던 것이다!

그 시점에 내가 취할 수 있는 행동은 몇 가지가 있다. 하나는 그것을 아예 없던 일로 여기고 서류가방이 어디에 있었는지 아내에게 말하지 않는 것이다. 그리고 피곤해서, 혼란스러워서 아내에게 역정을 낸 것이라고 합리화하는 것이다. 혹은 내가 설교한 대로 나의 죄를 자백하고 용서를 구하는 것이다.

벽이 무너지다

나는 하나님께 이렇게 기도했다.

"하나님, 제가 참으로 어리석었습니다. 캐롤린을 심하게 몰아붙였던 것을 용서해주십시오. 제가 사랑이 부족했고, 모질게 굴었고, 비판적이었고, 아내를 비난했고, 아내에게 악감정을 품었습니다. 하나님 아버지, 십자가의 은혜를 감사합니다. 형벌을 대신 감당해주셔서 감사합니다. 그리고 용서해주셔서 감사합니다."

내 양심이 하나님 앞에서 깨끗해지는 것을 느꼈다.

곧이어 아내에게 전화를 걸었다.

"캐롤린, 저…… 내가…… 저…… 서류가방을 찾았어요."

"그래요?"

"사무실에 있었어요. 아침에 당신에게 화내서 정말 미안해요. 내가 잘못했어요. 나를 용서해주겠소?"

나는 더듬거리며 말했다. 아내가 무엇이라고 말했을까?

"나는 당신이 전화할 거라고 생각했어요."

그녀는 내가 사과 전화 할 것을 알고 있었다. 이전에 벽이 높고 두터워지지 않게 하자고 약속했기 때문이다. 아내는 내가 잘못을 해결하지 않은 상태로 오래 버티지 않을 것이라 생각했다. 벽을 높고 두텁게 쌓아가기에는 삶이 너무 짧다. 왜 삶을 허비하는가? 우리가 잘못을 범할 때마다 해결한다면 결코 벽이 세워지지 않을 것이다.

물론 누군가 "서류가방 문제로 언성을 높이는 건 대수롭지 않은 잘못이에요."라고 말할지 모르겠다.

회개는 용서를, 용서는 회복을

'네 눈 속에서 들보를 빼라'는 주제로 강의를 한 적이 있다. 그 후 자레드라는 한 남자가 찾아와 이렇게 말했다.

"저는 저에게 이런 일이 일어날 거라고 생각해보지 못했어요. 제 결혼생활은 참 평탄했답니다. 서로에게 충실한 것에 대해 항상 자부심을 갖고 있었죠. 하지만 6개월 전에 우리 회사에서 일하기 시작한 한 여성이 제 마음을 흔들기 시작했어요. 솔직히 말해서 저는 그녀 때문에 기분이 들떠 있었어요.

우리는 처음에 점심 식사를 함께 하기 시작했고, 스스럼없이 얘기를 나누게 되었어요. 오래전부터 서로 알고 지낸 사이처럼 편안했죠. 이

관계를 발전시키지 말아야 한다는 걸 알았지만, 저는 그녀와 함께하는 게 너무 좋았어요. 그녀는 저처럼 기혼자였어요. 어느 날 어떻게 알았는지 그녀의 남편으로부터 전화가 왔습니다. 그는 그녀와 저와의 관계를 알고 있다면서 그 관계를 정리하지 않으면 제 아내에게 이 모든 일을 폭로하겠다고 했습니다.

머리에 번개를 맞은 듯한 느낌이 들더군요. 그날 오후 내내 제 결혼 생활에 대해, 그리고 우리 아이들에게 어떤 일이 일어날지에 대해 곰곰이 생각했어요. 비록 그 여자와 성관계를 갖지는 않았지만 우리 관계는 너무 멀리까지 진전된 상태였습니다."

자레드는 아내와 자신 사이에 세워지고 있던 벽에 대해서도 염려했다. 아내는 그 관계를 몰랐지만 자레드는 자신의 '비밀'이 자신과 아내 사이에 정서적인 장벽이 되었음을 느꼈다. 아내의 행동에서 못마땅한 부분이 더 많이 눈에 띄었던 것이다. 나중에 그는 내게 이렇게 말했다.

"저는 그 회사 동료와 함께 살면 더 나은 삶을 살 수 있을 거라는 생각을 품고 있었어요. 제가 사탄에게 휘둘리고 있음을 깨달았죠. 그날 오후 퇴근길에 저는 어느 주차장에 차를 세우고 하나님께 제가 지은 죄를 고백했습니다. 살면서 그렇게 많이 울어본 건 처음이었어요. 저는 하나님이 저를 용서해주실 것을 알았지만, 사탄의 꼬임에 빠져 잘 못된 길을 이렇게 멀리까지 왔다는 사실을 받아들이기 힘들었어요."

물론 자레드가 해야 할 일이 더 남아 있었다. 그날 밤 그는 모든 것을 아내에게 자백했다. 진정으로 아내를 사랑한다고, 그리고 다른 여자와 점심을 먹은 사실에 대해 정말 미안하다고 아내에게 말했다. 어떤 수를 써서라도 다음 날 그 여자와의 관계를 끊겠다고 말했다.

"저는 아내가 저를 용서하기를, 그래서 우리의 결혼생활을 재건할 수 있기를 원했어요. 아내는 울었고 저도 울었답니다. 우리 부부가 그렇게 큰 고통을 느껴본 적이 없었죠. 아내는 저를 용서하고 싶지만 자신의 감정을 추스르기 위한 시간이 필요하다고 말했어요."

다음 날 그는 그 여자를 사무실로 불러서 그녀와 함께했던 시간이 잘못된 일인 줄 알면서도 그것을 허용했던 자신에게 모든 책임이 있음을 밝혔다.

그리고 자신의 부적절했던 행동을 용서해달라고 했고, 남편과 행복하게 지내기 바란다고도 말했다.

또한 자레드는 그녀의 남편에게도 전화로 사과하고 싶다고 말했다.

"그녀는 저에게 남편의 전화번호를 건네주었어요. 그녀가 제 사무실을 나서자마자 그에게 전화를 걸어 사과했습니다. 성적인 관계는 전혀 없었지만 너무 많은 시간을 함께했던 것이 잘못임을 알게 되었다고 말했죠. 저는 아내에게 잘못을 자백하고 용서를 빌었다는 것과 아내로부터 결혼생활을 회복할 기회를 얻고 싶다고 말했습니다. 그들 부부도 그러기 바란다고도 말했죠."

다음 날 밤, 자레드와 아내는 다시 대화했고 또 울었다. 아내는 그를 용서할 것이고 결혼생활을 회복하기 원한다고 말했다.

"아내가 저에게 함께 상담을 받으러 가자고 부탁해서 저는 기꺼이 동의했어요. 3개월 동안 저희는 일주일에 한 번씩 상담을 받았고, 그 일로 인한 고통뿐 아니라 과거에 처리하지 못했던 문제들도 해결했습니다. 벌써 이 일이 일어난 지 5년이나 되었네요. 지금 저희는 행복한 결혼생활을 누리고 있어요. 그 여자의 남편을 통해 제 잘못을 일깨워주신 하나님께 감사드리고, 저를 용서해준 아내에게도 감사해요."

자레드의 이야기는 세 가지 사실을 알려 준다.

(1) 죄는 기만적이다.

(2) 하나님은 잘못을 저지르는 자신의 자녀를 돌보신다.

(3) 회개는 용서를 부르고, 용서는 회복을 가져다준다.

우리 자신의 힘이 아니다

결혼생활이 제대로 개선되기 위해서는 반드시 세 번째 단계가 필요하다. 물론 이 세 번째 단계는 우리 자신이 할 수 있는 일이 아니다. 이 일은 우리 인간의 한계를 넘어선다. 그것은 바로 성령의 사역에 복종하는 것이다. 이것은 이해하기 쉬운 개념이 아니다. 그러나 예수님은 약속과 설명을 우리에게 남겨주셨다.

요한복음 14장에 보면 예수님은 열두 제자들과 최후의 만찬을 나누신다. 예수님은 자신의 지상 사역이 끝날 때 제자들에게 닥칠 두려움과 외로움을 아시고 그들을 모든 진리로 인도할 '보혜사'를 보내실 것을 약속하셨다.

바울은 성령이 모든 신자들 속에 거하신다고 말한다(롬 8:9). 우리가 잘못할 때 성령께서 우리를 질책하며 자백하게 하신다(히 12:5). 또한 성령께서는 예수님의 삶에서 엿볼 수 있는 성품들과 바울이 말한 '성령의 열매'를 우리의 삶 속에 맺히게 하신다.

"오직 성령의 열매는 사랑과 희락과 화평과 오래 참음과 자비와 양선과 충성과 온유와 절제니 이 같은 것을 금지할 법이 없느니라"(갈 5:22-23).

이 성품은 자기 노력의 열매가 아니라 '성령의 열매'다. 그리스도인의 삶은 예수님을 닮으려고 스스로 노력하는 것이 아니다. 그보다는 우리의 삶을 성령께 복종시켜 그분으로 하여금 우리를 통해 예수님의 성품을 드러내시게 하는 것이다.

더 나은 결혼생활을 위한 6가지 방법

아무리 열심히 노력해도 우리 힘으로 평안을 만들어낼 수는 없다.

평안은 우리의 삶을 성령께 복종시켜 얻는 부산물이다.

희락, 오래 참음, 온유, 양선, 그리고 위에 열거된 다른 모든 성품도 마찬가지다. 그리스도인이 승리의 열쇠를 소유하려면 성령의 통제를 인식하고 받아들여야 한다.

그러면 어떻게 해야 성령으로 충만해지거나 성령의 통제를 받을 수 있을까?

죄를 자백하고 하나님의 용서를 받아들인 후 성령께서 충만히 임하여 우리를 통제하시도록 구하면 된다. 즉 우리 삶의 보좌에 성령께서 오르시도록 간구하는 것이다. 이것은 하나님이 응답하시는 기도다. 왜냐하면 "그의 뜻대로 무엇을 구하면"(요일 5:14) 우리의 간구를 들어주실 것이라고 약속하셨기 때문이다.

"성령의 충만을 받으라"(엡 5:18)는 말씀을 통해 성령 충만은 하나님의 뜻임을 알 수 있다. 따라서 성령 충만과 그분의 통제를 구하면 그분이 응답하신다.

우리는 믿음으로 성령의 통제를 받아들여야 한다. 어떤 대단한 감정적인 체험을 간구하거나 기다리지 말라. 우리 죄를 자백하고 그분의 통제를 구한 후 그분이 우리 안에서 역사하심을 믿으면 된다. 그리고 하나님의 영으로 인해 솔직한 자백과 용서를 통해 결혼생활을 세워 나가면 된다.

성령께 복종하여 결혼생활을 개선시키는 방법은 다음과 같다.

1. 결혼생활이 잘못된 방향으로 가고 있음을 깨닫는다.
2. 배우자를 비난하는 것을 그치고 자신의 허물이 무엇인지 보여달라고 하나님께 구한다.
3. 요한일서 1장 9절 말씀에 따라 자신이 지은 죄를 자백하고 하나님의 용서를 받아들인다.
4. 하나님의 영으로 채워 달라고, 건설적인 변화를 할 수 있는 힘을 달라고 간구한다.
5. 하나님의 능력으로 배우자에게 가서 자신의 잘못을 자백하고 용서를 구한다.
6. 하나님의 능력으로 성경의 원칙에 따라 자신의 행동과 말, 태도를 지속적으로 바꿔간다.

이렇게 한다면 당신과 배우자가 늘 꿈꾸어온 결혼생활에 더 가까워질 수 있을 것이다.

자백의 힘

무조건 배우자의 허물을 논의하지 말라고 얘기하는 것은 아니다. 이와 관련하여 자백의 역할을 보여주는 일을 겪은 적이 있다.

어느 토요일, 아내와 나는 창문 밖의 아름다운 풍경을 즐기면서 두 아이와 함께 점심을 먹고 있었다. 지저귀는 새들의 노랫소리와 활짝 만발한 꽃들과 함께 우리의 마음도 즐거웠다. 아내가 아들의 신발을 사주려고 쇼핑센터로 간다고 말하기 전까지 말이다. 아내는 곧바로 나갔고, 더러운 그릇들이 식탁 위에 그대로 놓여 있었다.

성숙한 사람이고 싶은 나는 아무 말도 하지 않았다. 하지만 아내가 차를 몰고 떠난 후 뒤편 현관의 흔들의자에 편안히 앉아 있다보니 점점 화가 나기 시작했다. 나의 우울한 성격까지 더해져 온갖 언짢은 생각들이 떠올랐다.

'내가 유일하게 쉬는 날인데, 그리고 난 토요일에 항상 집에 있으려고 애쓰는데, 왜 아내는 직장을 다니는 것도 아니면서 토요일까지 기다리는 거지? 주중에 언제든 쇼핑하러 갈 수 있었잖아. 나를 혼자 남겨두는 걸 보면 나를 사랑하지 않는 게 분명해. 아니, 나 혼자 남겨둔 건 아니지. 식탁 위에 지저분한 그릇들을 펼쳐 놓고 갔잖아. 최소한 그릇이라도 치우고 가야 하는 거 아닌가? 그 일을 내게 일부러 맡겨두고 간 것 같군. 내가 하인이기라도 되는 것처럼 말이야.'

이런 생각이 꼬리에 꼬리를 물기 시작했고, 지저귀는 새들의 노랫소리와 활짝 만발한 꽃들에도 불구하고 나는 비참한 기분에 사로잡혔다. 바로 그때 내가 했던 강의 제목과 "먼저 네 눈 속에서 들보를 빼어라"는 예수님의 말씀이 떠올랐다.

나는 하나님께 이렇게 고했다.

"오, 주님! 저는 정말 어리석은 사람입니다. 저는 정말 우둔합니다. 아내가 쇼핑센터에 간다고 해서 왜 제 기분이 이렇게 상한 걸까요?"

곧바로 대답이 왔다. 첫째, 아내의 마음속 동기를 내가 마음대로 판단하고 있었기 때문이다. 나는 아내가 나를 사랑하지도, 나를 생각하지도 않기 때문에 쇼핑하러 갔다고 본 것이다. 마태복음 7장 1절에서 예수님은 그런 판단을 책망하신다(덧붙이자면, 다른 사람의 마음속 동기를 알 수 있는 사람은 아무도 없기에 그런 판단은 어리석다). 둘째, 나의 태도가 매우 이기적이었기 때문이다. 나는 이 사실을 자백하고 하나님의 용서를 구한 후 성령님께 내 삶의 보좌를 드렸다. 그랬더니 아내를 향한 긍정적인 마음으로 설거지를 할 수 있었다.

그날 저녁 아이들이 잠자리에 든 뒤 나는 아내에게 오후 일에 대해 말을 꺼냈다.

"여보, 오늘 오후에 난 정말 갈등이 심했소. 너무 갈등이 심해서 죄를 지었는데 하나님이 그 문제를 해결해 주셨어. 그 죄를 자백하자 하나님이 나를 용서해주신 거야. 그러나 당신에게도 이야기해야겠다고 생각했소."

이와 같은 상황을 아내가 어떻게 거부할 수 있었겠는가? 계속해서 나는 아내에게 내 생각이 얼마나 잘못이었는지 말했다. 아내가 악감정을 품은 내 모습을 본 것은 아니므로 굳이 자백할 필요는 없었다. 하지만 나는 하나님께 이미 자백했다. 앞 장에서 보았듯이 내가 아내에게 자초지종을 얘기한 것은 우리의 목표가 '하나됨'이기 때문이었다. 자신의 성공은 물론이고 실패에 대해서도 기꺼이 털어놓을 때 비로소 하나가 될 수 있다. 내가 나의 문제를 하나님께 드러내어 자백했을 때 아내도 흔쾌히 논의에 응했고, 우리는 서로 수용할 만한 몇 가지 지침에 합의했다. 나의 자백은 그녀의 행동에 관한 건설적인 대화로의 길을 열어주었다.

여기서 주목해야 할 것은 캐롤린이 도덕적인 잘못을 전혀 범하지 않았다는 사실이다. 토요일에 쇼핑하는 것은 죄가 아니다. 죄를 범한 사람은 바로 나다. 아내를 비난하기보다 나의 문제점을 인정했을 때 아내는 자신의 행동에 대해 자연스럽게 논의하기 시작했고, 나아가 "이 문제를 해결하기 위해 내가 할 수 있는 일이 뭐죠?"라고 물었다.

만일 내가 비참한 기분으로 계속 악감정을 품었다면 결과는 달라졌을 것이다. 아내가 집으로 돌아왔을 때 내가 언짢은 마음으로 말문을 닫았을 수 있다. 그러면 아내는 내게 언짢아하는 이유를 물었을 것이다. 내가 악감정을 해결하지 않고 억눌러둘 수도 있었을 것이다. 이런 식의 반응은 결혼생활에 결코 도움이 되지 않는다.

관계가 깨지는 것은 쌍방 모두에게 문제가 있기 때문이다. 한 사람이 책임을 더 많이 떠맡을 수 있지만, 둘 다 관계 회복을 위해 노력할 수 있다. 각자가 자신의 잘못을 처리해야 하고, 둘 다 그 일을 할 수 있다. 우리는 서로에게 자백 여부를 결정할 자유를 주어야 한다. 그러나 자신의 잘못을 자백할 수는 있다. 이 자백은 배우자의 자백을 유발하는 자극제가 되기도 한다.

본 장에서는 결혼생활을 건강한 방향으로 돌이키는 방법에 대해 이야기했다. 자신의 죄를 자백한 후에는 굳이 그 죄들의 목록을 작성할 필요가 없다. 다만 자신이 지었던 죄가 하나씩 드러날 때마다 그것을 해결해야 한다. 어느 날 갑자기 배우자에 대해 갈등을 느끼거나 나쁜 감정이 들면 먼저 하나님께 이렇게 여쭈어야 한다.

"주님, 제게 무슨 잘못이 있습니까? 왜 제가 이토록 화를 내고 있는 건가요? 저의 어떤 모습 때문에 아내가 그런 행동을 하게 됐습니까? 설령 아내가 전적으로 잘못했다 하더라도 저의 태도는 어떠했습니까? 저의 반응은 과연 옳았습니까?"

자신의 잘못을 깨달으면 그것을 자백하고, 하나님의 용서를 받아들이고, 성령의 통제를 간구하라. 사람들이 우리를 불행하게 만드는 것이 아니다. 우리 자신이 불행을 택하는 것이다!

배우자가 어떤 행동을 한 후 곧바로 일어나는 감정은 자동적이며 통제하기 어렵다. 하지만 그 감정을 어떻게 처리할 것인지는 우리의 결정에 달려 있다.

만일 자신의 마음을 살펴서 찾아낸 잘못을 기꺼이 자백한다면, 눈앞의 상황이 아무리 갑갑하더라도 그 가운데서 평안을 느낄 수 있다. 그리고 변화를 위한 긍정적인 힘을 발휘할 수 있다.

Point

비록 배우자가 변하지 않을지라도 당신의 결혼생활은 개선될 수 있다. 이 점을 기억하는 것이 중요하다. 부부 중 한 사람이 개선을 바라지 않을 때에도 다른 한 사람이 결혼생활을 더 나은 방향으로 변화시킬 수 있다.

나는 모든 면에서 만족스러운, 이상적인 결혼생활을 말하고 있는 것이 아니다. 사실 그러기 위해서는 하나님 안에서 두 사람의 엄청난 노력이 수반되어야 한다. 우리가 기꺼이 개선하고자 노력한다면 중요한 변화를 경험할 수 있다.

당신이 본 장에서 제시한 내용을 받아들이고 실천한다면 건강한 결혼생활을 향한 가장 중요한 첫걸음을 내딛는 것이나 다름없다. 당신이 조력자로서 행동한다면 하나님은 당신의 배우자를 반드시 변화시키실 것이다!

THE MARRIAGE YOU'VE ALWAYS WANTED

부부행복 실천연습 2

1. 배우자가 지은 죄들을 적어보라. 배우자는 어떤 잘못을 저지르고 있는가?(이 목록을 어떻게 사용할지에 대해서는 나중에 논의할 것이다. 지금은 단지 그 목록을 만듦으로써 당신 자신의 부족함을 자연스럽게 들여다보는 계기로 삼으라)

2. 마태복음 7장 1-5절, 사도행전 24장 16절, 요한일서 1장 9절을 읽으라.

3. 이제 내가 지은 죄들을 적어보자. 그리고 본 장에 나와 있는 방식으로 하나님께 자백하라.

4. 성령의 통제를 간구하고 믿음으로 받아들이라.

5. 하나님의 용서를 받아들이라. 그리고 성령의 통제를 받는 사람으로서 자신의 잘못을 배우자에게 자백하고 용서를 구하라.

6. 잘못된 행동을 할 때마다 곧바로 그 잘못을 깨닫고 용서를 체험하라. 하나님과 배우자에 대해 정결한 양심으로 살려고 노력하라.

7. 누군가와 사이좋게 지내지 않기에는 인생이 너무 짧다. 당신은 깨끗한 양심의 자유를 누려야 한다. 잘못을 자백하고 용서를 구하는 것이 자유를 향해 나아가는 길이다. 머뭇거리지 말고 그 길로 나아가기 바란다.

3
사랑의 진정한 의미
"사랑 표현, 왜 그렇게 어렵나…"

배우자를 진정으로 사랑한다는 것은 무슨 뜻일까? 이 장을 통해 당신은 당신의 생각과 실제가 어떻게 다른지 살펴보게 될 것이다.

결혼한 사람들을 대상으로 '자신의 욕심만 추구하는 것'을 0점으로 하고 '배우자의 행복을 전적으로 추구하는 것'을 10점으로 하여 점수를 내게 한다면 아마 대부분이 5점 근처가 될 것이다. 우리 대부분은 인간관계를 통해 자신이 얻을 것이 무엇인지를 생각하기 때문이다.

그렇다면 그것이 과연 사랑일까? 지난 몇 년 동안 나는 여러 세미나에서 사랑의 정의에 대해 질문했다. 대답은 각양각색이었다. 사랑의 정서적, 신체적 측면을 강조한 사람들도 있었고, 사랑의 자기희생적인 측면을 강조하는 이들도 있었다. 나는 이 말을 좋아한다. "LOVE는 두

자음 'L' 과 'V', 두 모음 'O' 와 'E', 그리고 두 바보 '너' 와 '나' 로 이루어진 단어다."

여기서는 사랑의 정의를 상세히 내리려는 것이 아니라 매우 특이한 두 성경 구절을 살펴볼 것이다. 에베소서 5장 25절은 남편들에게 다음과 같이 아내를 사랑할 것을 당부한다.

"남편들아 아내 사랑하기를 그리스도께서 교회를 사랑하시고 위하여 자신을 주심같이 하라"

또한 디도서 2장 3-4절은 젊은 여자들에게 다음과 같이 남편을 사랑하라고 권한다.

"늙은 여자로는 이와 같이 행실이 거룩하며 참소치 말며 많은 술의 종이 되지 말며 선한 것을 가르치는 자들이 되고 저들로 젊은 여자들을 교훈하되 그 남편과 자녀를 사랑하며"

여기서 주목할 사항은 에베소서 5장 25절의 문법적 구조가 "성령의 충만을 받으라" 는 18절 말씀처럼 명령형이라는 것이다.

왜 남자에게 아내를 사랑하라는 명령이 주어졌을까? 그리고 여자가 남편을 사랑하도록 가르침을 받아야 하는 이유는 무엇일까? 결혼하면 당연히 그래야 하는 것 아닌가? 당신이 결혼한 것도 바로 그 때문이지 않은가? 이것은 대부분의 부부가 결혼에 대해 토론할 때 하는 말이다. 그렇다면 결혼 후에 사랑하라는 명령을 들어야 하는 이유는 무엇일까? 우리가 흔히 말하는 '사랑'은 진짜 사랑이 아니라는 말인가? 사랑은 결혼 후에 비로소 배우게 되는 것일까?

사랑에 대한 최고의 묘사

고린도전서 13장 4-8절은 사랑에 대해 내가 이제까지 발견한 묘사(정의)들 중 가장 탁월하다. 그 내용을 결혼에 적용하여 천천히 읽어보라. 이 본문은 결혼식에서 읽히고, 그 시적인 아름다움으로 인해 불신자들에게도 감명을 준다. 하지만 그 실제적인 의미를 이해하는 사람은 드물다.

"사랑은 오래 참고 사랑은 온유하며 투기하는 자가 되지 아니하며 사랑은 자랑하지 아니하며 교만하지 아니하며 무례히 행치 아니하며 자기의 유익을 구치 아니하며 성내지 아니하며 악한 것을 생각지 아니하며 불의를 기뻐하지 아니하며 진리와 함께 기뻐하고 모든 것을 참으며 모든 것을 믿으며 모든 것을 바라며 모든 것을 견디느니라 사랑은 언제까지든지 떨어지지 아니하나 예언도 폐하고 방언도 그치고 지식도 폐하리라"

이 내용은 너무나 의미심장해서 완전히 이해하기가 어렵다. 따라서 핵심 개념만 몇 가지 살펴보겠다. 사랑은 오래 참고 온유하며, 자기 방식을 고집하지 않고, '아는 체' 하지 않고, 이해하며, 화를 잘 내지 않고, 예의바르다. 문제에 적극적인 태도를 드러낸다. 사랑의 이 모든 특성은 상대방의 행복을 위한 것이다.

이 특성들이 단순히 상대방을 향한 따뜻한 '감정'을 요구하는 것일까? 너무 성급하게 대답하지 말라. 온유하거나 오래 참기 위해 당신의 마음은 얼마나 따뜻해져야 할까? 고린도전서 13장에 묘사된 사랑은 감정이 아니라 태도와 행동을 강조한다. 이것은 우리의 통제를 넘어선 것이 아니다.

더 이상 사랑스럽지 않을 때

결혼의 위기에서 나를 찾아오는 부부들이 있다. 대체로 갈라서기 직전인 그들은 불화의 이유를 묻는 질문에 자신의 주장만을 내세우며 "우리는 더 이상 서로를 사랑하지 않아요."라고 결론짓는다. 이혼이 유일한 대안이라는 것이다. 결국 어쩔 수가 없다. 그들은 사랑을 잃었다. 이미 자신들의 통제를 넘어서 있다. 어느 남편은 "아내를 사랑하고 싶지만 너무 늦었어요. 너무 많은 일들이 있었어요."라고 했다.

그러나 나는 그 말을 믿지 않는다. 만일 당신이 그 견해에 동의하기 원한다면 나를 만나러 오지 말라. 부부간의 행복이 통제 범위를 넘어서 있음을 믿어서는 안 된다.

에베소서 5장 25절을 다시 읽어보자.

"남편들아 아내 사랑하기를 그리스도께서 교회를 사랑하시고 위하여 자신을 주심같이 하라"

그리스도께서 교회를 위해 자신을 내어주셨을 때 교회의 태도는 어떠했는가? 그들은 그분을 친절하고 온유하며 인내하며 대했던가? 도리어 그들 중 가장 낫다는 이들이 저주하면서 "내가 그 사람을 알지 못하노라"(마 26:74)라고 부인했다. 로마서 5장 8절에서는 우리가 추악하고 이기적일 때 그리스도께서 우리를 위해 죽으심으로써 우리를 향한 하나님의 사랑이 입증되었다고 선언한다.

하나님은 우리가 매우 사랑스럽지 않을 때도 우리를 사랑하셨다. 따라서 남편도 아내가 매우 사랑스럽지 않을 때조차 아내를 사랑해야 한다. 어떤 남자라도 자신을 사랑하는 아내를 사랑하는 것은 쉽다. 굳이 아내를 사랑하라는 명령을 받을 필요가 없다. 우리가 결혼하기 전에 알았던 사랑이 바로 그런 사랑이다. 아내가 사랑스러웠기 때문에 그녀를 사랑스럽게 대했다. 하지만 아내가 사랑스럽지 않을 때 나는 어떻게 반응해야 할까? 이럴 때 성경의 도움을 받아야 한다. 내가 온유와 배려와 인내와 예의를 보여준다면 아내 역시 같은 식으로 반응하기 쉬워질 것이다.

물론 아내가 반드시 사랑의 반응을 보여야 한다는 것은 아니다. 아내는 사랑하지 않을 자유가 있다. 결혼생활의 궁극적 성공이 부부 중 한 사람에 의해서 이루어질 수는 없는 것도 바로 이 때문이다. 궁극적 만족은 부부 쌍방의 사랑이 있어야만 가능하다. 그러나 만일 나 혼자서라도 사랑을 택한다면 상황이 개선될 것이다. 가장 큰 무기는 사랑이다.

자신의 한계를 넘어

성령의 도우심 없이 자기희생적인 사랑을 할 수 있다는 생각이 의심스럽다. 성경을 보면 "성령으로 말미암아 하나님의 사랑이 우리 마음에 부은바 됨이니"(롬 5:5)라고 한다. 즉 사랑으로 반응하는 능력은 하나님으로부터 온다.

나에게는 하나님 사랑의 대리자로서 아내를 대할 기회가 있다. 이 세상에서 아내를 사랑하는 데 나보다 더 나은 위치에 있는 사람은 없다. 그 기회를 잃으면 안 된다. 내가 기꺼이 하나님께로 돌이켜 사랑이 부족했던 것과 나쁜 감정을 품었던 것과 증오심을 가졌던 것을 인정하고, 그분의 용서를 받아들이며, 그분의 사랑으로 아내를 사랑하게 해달라고 간구한다면, 나는 사랑을 더 탁월하게 표현할 수 있다.

대개 아내와의 문제는 이런 식이다. 아내가 내 생각과 맞지 않은 일을 한다. 혹은 꼭 해야 한다고 생각되는 일을 하지 않는다. 그러면 곧바로 아내에 대해 부정적인 마음이 생긴다. 이 부정적인 감정은 자연스럽게 생기며 나의 통제를 넘어선 것일 수 있지만, 이 감정을 처리하는 것은 나의 통제를 넘어서지 않는다. 만일 나의 근본적인 성품을 따른다면 말을 거칠게 하거나 냉담하게 침묵하는 등 그 감정을 표현할 것이다. 그러나 이것은 우리 부부를 비참하게 만들 뿐이다. 나의 부정적인 행동은 아내에게서 부정적인 반응을 유발한다.

반면에 부정적인 감정을 따르지 않는 편을 택한다면 나는 사랑의 대리인이 될 수 있다. 즉 내가 부정적인 감정을 가졌더라도 하나님의 능력으로 인해 부정적인 태도를 보이지 않고 사랑을 표현하여 상황을 바꿀 수 있다.

몇몇 심리학적 견해들과는 반대로 우리의 부정적인 감정을 모두 표현할 필요는 없다. 오히려 어떤 것은 자제해야 한다.

예를 들어보겠다. 나는 애리조나에서 제이슨을 만났다. 그는 동부 연안 출신으로 2년 전에 이혼한 후 서부로 이주했다. 당시 통제하기 어려운 자신의 감정 표현에 대해 얘기했던 제이슨의 말을 잊을 수 없다.

"이제야 저는 제 결혼생활을 파괴한 장본인이 바로 저라는 것을 깨달았어요. 저는 제 감정이 삶을 통제하게 놔뒀죠. 우리는 너무 달랐기 때문에 저는 아내가 하는 많은 일들로 화가 나곤 했습니다. 그래서 '마음이 상했다', '낙심했다', '실망했다', '화났다'는 말을 거의 매일 아내에게 했던 것 같습니다. 그 모든 말이 아내에 대한 비난이었죠. 마음을 열려고도 노력했어요. 하지만 결혼생활에 구정물이 흘러들게 해놓고 아름다운 정원을 기대할 수는 없다는 것을 이제야 깨달았습니다."

제이슨의 말이 옳다. 배우자에게 부정적인 감정을 매번 말로 표출하면서 긍정적인 효과를 기대할 수는 없다.

부정적인 감정이 죄악이라는 말이 아니다. 생각과 행동으로 부정적인 감정을 키울 때 잘못을 저지르게 된다. 이 세상에는 서로에게 부정적인 감정을 모조리 표출해서 파국의 위기를 맞은 부부들이 가득하다. 그런 감정을 부인하라는 말이 아니다. 다만 그 감정을 하나님께 표현해야 하며, 그 감정을 따를 필요가 없다는 사실로 인해 하나님께 감사해야 한다.

누군가 이렇게 얘기할지 모르겠다.

"그렇다면 남편에 대한 제 감정이 어떠하든지 그를 사랑해야 한다는 얘기군요. 그건 위선이 아닐까요?"

당신이 느끼지 않는 어떤 감정을 말하지 않는 것은 전혀 위선적이지 않다. 즉 반드시 따뜻한 감정을 느껴야만 사려 깊은 행동이나 선물로 친절을 표할 수 있는 것이 아니다. 당신은 단지 친절을 베풀고 있을 뿐이다. 아무런 감정을 느끼지 않거나 부정적인 감정을 느낄 수도 있다.

하지만 당신이 사랑을 표현할 때 배우자로부터 사랑을 받을 가능성이 많아지며, 그 사랑은 다시 당신의 감정에 긍정적인 영향을 미치게 된다. 부정적인 감정은 표출될 때보다 무시될 때 더욱 고조되는 경향이 있다.

부부 중 한 명이 앞에서 논의된 사랑의 원칙을 발견했더라면 깨지지 않았을 결혼생활이 무척 많다. 설령 이 책의 다른 모든 내용을 잊어버리더라도 '고린도전서 13장' 스타일의 사랑만은 기억하라. 사랑은 가장 위대하며 누구에게나 효력을 발휘한다.

사랑하는 편을 선택하라. 비록 당신의 감정이 냉담하거나 부정적일지라도 배우자를 향한 하나님 사랑의 통로가 되라. 그 사랑을 어떻게 표현하면 될까? 2가지 기본적인 방법이 있다. 즉 말과 행동을 통해 표현하라!

배우자를 세우는 말

사랑은 덕을 세운다(고전 8:1). "덕을 세우나니"에 해당하는 헬라어 원어는 '짓다', '세우다'는 뜻이다. 그러므로 배우자를 사랑한다는 것은 배우자를 '세움'을 뜻한다. 교화의 가장 강력한 방편 중 하나는 칭찬이다. 배우자에 대해 당신이 좋아하는 크고 작은 것을 찾아내어 찬사를 표하라.

결혼 상담가를 찾아갔던 한 여성에 관한 이야기가 있다. 그녀는 상담가에게 이렇게 털어놓았다.

"저는 남편과 이혼하고 싶어요. 그리고 수단과 방법을 가리지 않고 그를 고통스럽게 해주고 싶어요."

그 말에 대한 상담가의 조언은 다음과 같았다.

"그렇다면 그에게 칭찬을 퍼부으세요. 당신이 그에게 없어서는 안 될 존재가 될 때, 당신이 그를 헌신적으로 사랑한다고 생각하게 만들고 이혼 절차를 밟으세요. 그렇게 하면 그에게 가장 큰 상처가 될 겁니다."

몇 달 뒤 조언대로 실행한 그녀는 상담가를 다시 방문했다. 그러자 상담가는 "이제 이혼 절차를 진행할 때입니다."라고 말했다. 그러나 여자는 정색을 하며 이렇게 말했다.

"이혼이라니요! 절대로 그럴 수 없어요. 우리는 서로를 깊이 사랑하게 되었어요."

칭찬의 힘

물론 다음과 같은 질문이 제기될 수 있다. "남편이 저를 그런 식으로 대하는데 제가 어떻게 칭찬할 수 있겠어요?" 이 질문에 대한 답은 성경에 있다.

"너희 원수를 사랑하며 너희를 핍박하는 자를 위하여 기도하라"(마 5:44).

만일 우리가 홀대를 당하고서도 사랑한다면 결혼생활을 위기에서 구할 수 있다.

특히 다음 사례에서와 같이 칭찬의 엄청난 힘을 배운다면 다시는 불평하지 않게 될 것이다.

아내가 창문을 내다보니 남편이 앞마당의 잔디 깎는 일을 거의 끝내고 있다. 아내는 '이제 다른 일을 시켜도 되겠군.' 하고 생각한다. 그녀는 밖으로 나가서 잔디 깎는 기계 소리 때문에 남편이 듣지 못할까봐 양손을 입에 모으고 소리를 지른다. "오늘 오후까지 하수도 청소를 마칠 수 있겠어요?"

생각해 보라. 잔디 깎느라 두 시간 동안 땀을 흘린 남편에게 아내는 또 다른 일을 맡기느라 여념이 없다. 나는 그 남편이 무슨 말을 할지 모르지만 무슨 생각을 할지는 알 수 있다. '이 여자야, 그만 좀 귀찮게 해!' 만약 그녀가 시원한 주스 한 잔을 들고 나와서 정원이 정말 근사해졌다고 말했다면 남편의 기분이 얼마나 좋았을까!

남편이 흔쾌히 하수도 청소를 한다고 했을지 장담할 수는 없다. 그러나 그가 아내의 찬사를 기쁜 마음으로 받아들였을 것은 분명하다. 남편은 찬사를 들을 때 집안일에 훨씬 더 적극성을 보인다.

물론 이것은 남편에게도 적용된다. 결혼한 지 25년 된 한 아내가 어느 날 퇴근 후 지친 상태로 저녁 식사를 준비할 때의 상황을 다음과 같이 말했다. "저는 여러 가지 야채를 가지고 뭔가를 만들고 있었어요. 그런데 남편이 냄비를 힐끗 보고는 '고기는 없어?'라고 말했죠. 그 순간 저는 그를 한 대 쥐어박고 '당신이 요리해.'라고 말하고 싶었어요."

비록 고기반찬이 없었어도 그 남편이 아내에게 감사를 표했다면 얼마나 좋았을까!

사랑을 말로 표현하기

말로 사랑을 표현하는 두 번째 방법은 '온유하게 말하는 것'이다. 사랑은 온유하다(고전 13:4). 이것은 말하는 태도와 관련이 있다.

"유순한 대답은 분노를 쉐게 하여도 과격한 말은 노를 격동하느니라"
(잠 15:1).

배우자에게 말할 때 왜 소리를 지르는가? 왜 거칠게 말하는가? 당신이 부정적인 감정을 따르고 있기 때문이다. 하나님의 도우심을 택한다면 부정적인 감정을 지니고도 온유하게 말할 수 있다.

온유하게 말한다면, 배우자에게 당신의 불편한 심기를 표현해도 잘못된 것이 아니다. 아내는 이렇게 말할 수 있다.

"여보, 나는 당신을 사랑하고, 당신은 멋진 남편이에요. 하지만 당신이 몇 주 전에 약속한 대로 컴퓨터를 고쳐줬으면 해요."

칭찬하면서 부드럽게 부탁하면 상대방의 마음이 상하지 않는다.

사랑으로 말하는 세 번째 방법은 명령이 아닌 '부탁하며 말하는 것'이다. 사랑은 자기의 유익을 구하지 않는다(고전 13:5). "당신은 어떻게 생각해요?", "이건 어때요?", "이건 가능할까요?", "우리가 이 일을 할 수 있을까요?" 이것은 부탁의 말이며 "오늘 중으로 이 일을 끝내요!"라는 명령과는 전혀 다르다.

그리고 사랑을 표현하는 또 다른 방법은 '수용하는 태도로 말하는 것'이다. 배우자의 말을 들을 때 당신에게 방어적이거나 비난받는 느낌이 없음을 분명히 밝혀라. 아내가 이렇게 말한다.

"나는 당신이 이전과 달리 나를 사랑하지 않는 느낌을 받아요."

그러면 남편의 반응은 대체로 다음과 같다.

"어떻게 그렇게 말할 수 있소? 당신은 3년 전에 내가 명품백을 사준 일과 지난여름 주일 예배 후 함께 외식했던 게 기억나지 않는 거요?"

이 말이 무슨 뜻인가? 그는 지금 아내의 감정을 비난하고 있다. "여보, 왜 그래요? 그런 기분을 갖게 된 이유가 뭐죠?"라고 말하는 것이 훨씬 더 좋지 않을까? 아내가 감정 표현할 기회를 주고 그 말을 받아들이라. 그 감정을 비난하기보다는 해결할 방법을 찾으라.

또한 사랑으로 말하는 것은 현재 시제를 사용하는 것이다. 사랑은 허물을 기억하지 않으며, 위기 때마다 과거를 들추어내지 않는다. 과거의 잘못이 이미 자백되었다면 그것을 다시 끄집어낼 이유가 없다. 즉 사랑은 현재의 사실만을 말하며 과거의 흠을 공격 무기로 삼지 않는다. 어떤 부부는 과거의 일로 서로에게 상처를 준다. 그렇게 하면 결혼생활이 허물어질 수밖에 없다.

행동으로 표현하기

말뿐 아니라 '행동으로 사랑하라'는 사도요한의 조언(요일 3:18)을 진정으로 따른다면 우리의 결혼생활은 어떻게 될까? 그리고 행동으로 말을 뒷받침하려면 어떻게 해야 할까?

사랑은 오래 참는다. 그러므로 행동으로 사랑을 표현하려면 인내해야 한다. 이 말에는 깊은 의미가 담겨 있다. 아내가 외출 준비를 하는 동안 굳이 인상을 쓸 필요가 없다. 오히려 편하게 앉아 있는 것이 현명하다. 당신이 참을성 없게 행동한다고 해서 아내의 준비가 더 빨라지는 것이 아니다. 그것은 당신의 성질만 돋우거나 신체적인 해를 입힐 뿐이다. 그러므로 당신은 성급할 필요가 없다. 선택은 당신에게 있다. 왜 사랑하지 않는가?

사랑은 다정하다. 다정한 행동은 사랑의 가장 강력한 목소리 중의 하나다. 찌푸린 겨울날, 꽃가게의 튤립들이 "나는 당신을 사랑해요." 라고 모든 사람들에게 말하지만, 꽃 알레르기가 있는 사람은 그 음성을 듣지 못한다. '당신은 세상에서 가장 멋진 남편이에요.' 라는 문자 메시지도 사랑을 전해준다. 깜짝 외식 또한 가족을 위해 늘 식사를 준비하는 아내에게 '당신은 특별해요.' 라는 메시지를 전해준다.

배우자에게 사랑의 편지를 써본 지 얼마나 되었는가? "그게 무슨 얘기예요? 그를 매일 보는데 왜 굳이 편지를 써야 하죠?" 라고 말하는 사람도 있다. 말로 표현하지 못한 사랑을 편지로 표현할 수 있다. 한 달에 한 번씩 사랑의 편지를 쓴다면 결혼생활에 큰 활력을 더해줄 것이다. 이처럼 편지 쓰기는 매우 다정한 행동이다.

다정한 행동을 위한 자신만의 새로운 목표를 설정해보는 것은 어떤가? 배우자에게 어떻게 사랑을 표현할 수 있을지 매일 생각하라. 그 행동을 한 후에는 "사랑해요!" 라고 말하라. 다음과 같이 말했던 어떤 사람처럼 하지 말라. "아내에게 결혼해달라고 부탁할 때 사랑한다고 말했어요. 그 생각이 바뀌게 되면 아내에게 알려줄 겁니다."

기억하라. 사랑은 단 한 번의 행동이 아니다. 삶의 방식이다.

사랑은 예의바르다. 영어 'courteous' 는 '궁중에서의(품격 있는) 예의를 갖춘', '공손한' 이라는 뜻이다. 당신은 사소한 일들을 잊고 있지는 않은가? 다른 사람들을 대할 때 배우자를 대할 때보다 더 예의를 갖추는가?

'집에서만큼은 내 맘대로 좀 하자!'라고 생각하는 사람이 너무 많다. 많은 남자들이 사무실이나 교회에서는 생각조차 하지 않는 행동을 집에서는 아무렇지 않게 한다. 그리고 간단한 아침 인사, 귀가 후에 키스하기, 빙판을 지나가면서 아내의 손 잡아주기 등의 사소해 보이는 일들을 간과한다.

누군가와의 약속 시간에 늦을 때는 미리 전화하면서 왜 배우자에게는 미리 전화하지 않는가? 왜 배우자는 다른 사람들을 대할 때와 달리 예의와 존중심을 가지고 대하지 않는가?

사랑은 이기적이지 않다. 사랑은 상대방의 유익을 배려한다. 만일 남편이 아내의 잠재성이 계발되도록 도우려 하고 아내는 남편의 잠재성이 계발되도록 도우려 한다면, 그들은 성경적인 원리를 따르고 있는 셈이다.

아마도 여기서 논의하는 사랑이 초자연적인 것처럼 보일 것이다. 그렇다. 인간적인 규범은 우리를 사랑하는 자들을 사랑하는 것이다. 그러나 예수님은 "너희가 너희를 사랑하는 자를 사랑하면 무슨 상이 있으리요 세리도 이같이 아니하느냐"(마 5:46)라고 말씀하셨다. 우리를 사랑하는 남편이나 아내를 사랑하는 데는 굳이 하나님의 도우심이 필요하지 않다. 자연스럽게 사랑할 수 있다. 그렇지만 예수님은 원수를 사랑하라고 당부하셨다(마 5:44).

때로는 배우자가 원수보다 더 고약할 수 있다. 그럴 때에도 우리는 사랑해야 한다. 하나님은 우리를 통해 자신의 사랑을 표현하기 원하신다. 하나님께 사랑의 힘을 보이실 기회를 드리자.

자신의 감정을 있는 그대로 인정하자. 부정적인 감정을 비난하지 말고, 성령의 능력 안에서 말과 행동으로 사랑을 표현하자. 그러면 우리의 감정도 뒤따를 것이다. 때가 되면 상대방도 사랑으로 보답할 것이다. 우리가 그리스도인이라면 사랑은 우리 손이 닿을 수 있는 곳에 있다.

불완전함을 받아들일 때

"사랑은 허다한 죄를 덮느니라"(벧전 4:8)라는 말씀은 '사랑은 많은 불완전함을 용납한다' 라는 말로도 이해될 수 있다. 사랑은 배우자의 완벽을 요구하지 않는다. 당신의 배우자가 바꿀 수 없거나 바꾸려 하지 않는 것들이 있을 것이다. 나는 이것을 가리켜 '불완전함' 이라고 지칭한다. 이러한 것들은 당신이 싫어하거나 도덕적이지 않을 수 있다. 내 경우를 예로 들어보겠다.

결혼한 지 몇 년이 지났을 때 나는 아내가 서랍을 열기만 하고 잘 닫지 않는다는 것을 알았다. 결혼 이후 3-4년 동안 내가 그 사실을 모르고 지냈던 것인지, 아니면 아내의 새로 생긴 습관인지 모르겠다. 어쨌든 그 행동은 나를 몹시 화나게 했다.

나는 불쾌감을 아내에게 표하면서 앞으로는 서랍을 닫으라고 당부했다. 그 후 집에 돌아올 때마다 주의 깊게 살폈지만, 실망스럽게도 아무런 변화가 없었다. 열린 서랍을 볼 때마다 화가 치밀어 올랐고, 폭발할 때도 있었다.

몇 달 후, 나는 전문적인 교육법을 사용하기로 결심했다. 말로만 하지 않고 가시적으로 보여줄 생각이었다. 집으로 돌아와 욕실 서랍에서 모든 것을 꺼내고 서랍을 빼냈다. 그리고 서랍 바닥에 달린 바퀴를 아내에게 보여주면서 그것이 멋진 발명품임을 설명해주었다. 그제야 아내는 내가 그 문제를 얼마나 심각하게 생각하는지 이해한 것 같았다.

그 후 나는 변화를 기대했다. 하지만 아무런 변화가 없었다. 그러던 어느 날, 18개월 된 딸이 넘어지면서 열린 서랍 귀퉁이에 부딪혀 눈자위가 찢어졌다. 아내는 아이를 병원으로 데려갔고 아이의 상처를 꿰매는 모습을 직접 보는 아픔을 겪었다. 그리고 그것이 흉터로 남을지도 모른다고 걱정했다.

아내가 내게 자초지종을 설명하는 동안 나는 감정을 억눌렀다. 그런 내가 자랑스럽게 느껴졌다. 그러나 입으로는 열린 서랍에 대해 언급하지 않았지만, 속으로는 '앞으로는 아내가 서랍을 닫겠지.' 라고 생각했다. 이제 아내는 변해야 했다. 하지만 끝내 변하지 않았다.

1-2주가 지난 후, 그녀는 결코 변하지 않을 것이라는 생각이 들었다. 나는 가만히 앉아서 대안을 적기 시작했다.

(1) 아내를 떠난다.

(2) 죽는 그날까지 열린 서랍을 볼 때마다 화를 낸다.

(3) 아내의 습관을 받아들이고 내가 서랍을 닫는다.

이 세 가지 대안을 분석하면서 첫 번째 대안을 뺐다. 두 번째 대안을 보면서 내가 열린 서랍을 볼 때마다 분통을 터뜨린다면 내 삶의 많은 부분이 망가질 것이라는 생각이 들었다. 따라서 최선의 선택은 세 번째 대안이었다. 아내의 불완전함을 받아들이는 것이다.

나는 결심하고 귀가한 후 아내에게 말했다.

"캐롤린, 서랍 문제 말이오."

"게리, 제발 그 문제는 이제 더 이상 말하지 말아주세요."

"그게 아니고, 내가 방법을 찾았소. 지금부터 당신은 신경 쓸 필요가 없어요. 서랍을 닫지 않아도 되오. 그것을 내 일로 받아들일 참이오. 우리의 서랍 문제는 이제 끝났어요!"

그날부터 지금까지 더 이상 열려 있는 서랍이 나를 괴롭히지 않았다. 나는 아무런 감정이나 분노를 느끼지 않았다. 그냥 내가 닫으면 그만이다. 그것은 내 일이다. 밤중에 귀가할 때면 열린 서랍들이 으레 나를 기다리고 있을 것이라 생각한다. 내가 그것들을 닫으면 모든 게 순조로워진다.

이 사례가 무엇을 알려주는가? 결혼생활에서 당신은 배우자의 싫은 점을 발견하게 될 것이다. 어쩌면 그것은 수건을 거는 방식일 수 있다

(또는 수건을 아예 걸지 않는 습관일 수도 있다). 차 안에서 시끄러운 음악을 틀거나, 말하는 중에 끼어들거나, 사람들의 이름을 자주 잊거나, 신발을 아무렇게나 벗어둘 수도 있다.

이럴 때 첫 번째로 취할 행동은 변화를 요구하는 것이다(작은 변화로 배우자를 행복하게 해줄 수 있다면 왜 그렇게 하지 않겠는가?). 하지만 배우자가 변할 수 없거나 변하지 않으려는 일들이 있다. "사랑은 여러 가지 불완전함을 받아들인다."는 말을 적용할 시점이 바로 그때다. 그리고 그 시점이 언제인지는 당신이 결정할 문제다.

Point

열린 서랍처럼 단순한 문제로 20년 동안 옥신각신하는 경우가 있다. 이제 휴전을 선언하고 상대방의 불완전함을 받아들일 목록을 작성해보자. 당신의 배우자는 결코 완벽하지 않을 것이다. 배우자가 당신이 바라는 모든 것을 한다는 것은 하늘의 별을 따는 것과 같은 일이다.

최선의 대안은 사랑으로 용납하는 것이다.

THE MARRIAGE YOU'VE ALWAYS WANTED

부부행복 실천연습 3

1. 일단 자신의 잘못을 자백하고 하나님의 용서를 받아들이라. 그리고 배우자에게 용서를 구한 후 배우자를 사랑하기 위한 하나님의 대리자가 되게 해달라고 기도하라(그것이 하나님의 뜻이라고 말씀하셨기 때문에 하나님은 이 기도를 반드시 들어주실 것이다. 엡 5:18, 25, 딛 2:3-4 참조).

2. 감정을 잊으라. 배우자를 사랑하기 위해서는 굳이 무슨 감정을 느낄 필요가 없다. 당신의 행동 때문에 감정이 바뀔 수 있지만 감정이 당신의 행동을 이끌어서는 안 된다. 어떤 감정을 느끼든 배우자를 사랑하는 편을 택하라.

3. 이제부터 매일 한 번씩 말이나 행동으로 배우자에게 사랑을 표현하라. '배우자를 세우는 말'(58-59쪽)과 '행동으로 사랑 표현하기'(63-66쪽)를 다시 읽으라. 하루를 칭찬으로 시작할 수도 있다.

4. 배우자의 반응 때문에 당신의 사랑 표현을 억제하지 말라. 당신이 사랑을 선택하는 한 배우자의 어떤 행동도 당신의 사랑을 중단시킬 수 없다. 유익을 가져다주고, 관계를 개선시키는 최선의 무기는 사랑임을 기억하고 사랑을 계속 표현하라.

5. 여러 해 동안 괴롭혀온 배우자의 불완전한 면을 받아들이도록 노력하라. 받아들이기로 결심했다면 배우자에게 확실히 말하라. 그런 용납은 자신의 감정적인 개선을 위한 발판이 될 것이다.

6. 진실하고 무조건적인 사랑을 1년 이상 거부할 수 있는 사람은 거의 없다. 그러니 오늘 당장 시작하는 것은 어떨까? 올해를 결혼생활의 가장 위대한 해로 삼으라. 한 달이 지나기 전에 사랑이 사랑을 낳고, 마침내 결혼생활이 반전되는 것을 경험한 이들이 많다.

4
의사소통
"내 말 좀 들어봐요!"

　우리는 소음의 시대에 살고 있다. 케이블TV에서 떠들어대고, 이메일과 스팸메일이 홍수를 이룬다. 거리를 지나는 사람들이 휴대폰에 큰 소리로 얘기하고, 어디를 가나 음악소리가 시끄럽다. 예를 들자면 끝이 없다. 오늘날의 문화는 누군가와 끊임없이 이야기하는 의사소통을 좋아한다. 조용하고 평안한 곳을 찾기가 힘들다.
　하지만 어떤 종류의 의사소통일까?
　숨김없이, 그리고 진지하게 소통할 수 없을 때, 즉 우리의 삶을 배우자와 나누지 못할 때 우리는 활기찬 삶의 흐름을 막고 자기연민의 썩은 웅덩이를 만들기 쉽다. 그럴 때면 혼자라는 생각에 외로움을 느낀다. 한 집에서 살지만 단일체가 아닌 고독한 두 사람으로 살아간다.

하나님의 의도와 정반대다. 창조 때 하나님은 "사람의 독처하는 것이 좋지 못하니"(창 2:18)라고 말씀하셨건만, 많은 사람이 결혼생활 중에 혼자 떨어져 있는 자신을 발견하게 된다. 혼자인 것은 결코 좋지 않다.

의지적 행위

결혼 전, 이상적이라고 생각했던 자유로운 의사소통은 자연스럽게 이루어지기가 쉽지 않다. 물론 자유로운 의사소통이 불가능한 것은 아니다. 서로 하나가 되어 따뜻한 삶을 나누려면 의사소통을 해야 한다. 서로에게 속내를 털어놓지 않으면 서로를 알 방법이 없다. 바울도 이 점을 언급했다.

"사람의 사정을 사람의 속에 있는 영 외에는 누가 알리요 이와 같이 하나님의 사정도 하나님의 영 외에는 아무도 알지 못하느니라"(고전 2:11).

하나님이 영을 통해 자신을 계시하지 않으시면 우리가 결코 그분을 알 수 없듯이, 우리도 소통하지 않으면 서로를 알 수 없다. "눈빛만 봐도 그의 마음을 훤히 읽을 수 있어요."라는 말은 50년간의 자유로운 의사소통 후에 나올 수 있는 이야기다. 결혼한 지 겨우 몇 년 지난 부부에게는 해당하지 않는 말이다.

잘 알다시피 당신의 배우자는 당신의 마음을 읽지 못한다. 배우자로 하여금 당신의 세계에서 일어나는 일에 관심을 갖게 하고 싶다면, 당신은 배우자가 그 안에 들어오게 해야 한다.

의사소통은 의지의 행위다. 바울은 "너희를 향하여…… 우리의 마음이 넓었으니…… 너희도 마음을 넓히라"(고후 6:11-13)고 당부한다. 우리가 의사소통하거나 하지 않는 것은 의도적인 행위를 통해서다. "내 성격상 어쩔 수 없어. 나는 '훌륭한 소통자'가 아니야."라는 말은 타당하지 않다.

어떤 사람은 소위 '사해형 성격'(Dead Sea personality)을 지녔다. 그들은 많은 생각과 감정과 경험을 지녔지만 그것을 아무에게도 표현하지 않고 만족감을 느낀다. 즉 말하고 싶은 욕구가 전혀 없다. 반대로 '수다쟁이 성격'을 지닌 사람도 있다. 그들의 마음속에 들어가는 것은 무엇이든 1분도 안 되어 입 밖으로 흘러나간다. 이처럼 '사해형 성격'을 가진 사람은 자신을 표현하기 힘든 반면, '수다쟁이 성격'을 가진 사람은 경청하는 법을 배우기 힘들다.

그러나 효과적인 의사소통을 위해서는 말하기와 듣기, 둘 다 필요하다. 우리는 성격상의 이유로 이들 중 하나에 극단적으로 치중하는 경향이 있다. 따라서 우리는 나름대로 의사소통에 어려움을 느끼지만 사실 의사소통을 못하는 것이 아니다. 의사소통은 기본적으로 의지의 행위이지 성격 문제가 아니다.

각자의 성격이 의사소통을 하는 데 도움이 되거나 부담이 될 수는 있지만 아예 의사소통을 못하게 하지는 않는다. 우리는 자신의 속내를 나누거나 마음 문을 닫는 편을 선택하는 경향이 있다. 자신의 성격이나 배우자의 반응이나 다른 어떤 것을 탓할 수는 없다. 자신의 성격대로 살아간다면 부부의 연합을 명하시는 하나님의 명령에 불순종하는 길을 스스로 선택하는 셈이다. 배우자 쌍방이 의사소통을 선택하지 않으면 결혼생활은 바람직한 상태에 도달하지 못한다는 것을 기억하라.

더 깊은 대화

배우자와의 깊은 의사소통에 문제를 느낀다면 일상적인 대화로 시작하여 더 깊은 차원으로 나아가는 것이 좋다. 견학이나 교회수련회 등 어떤 행사를 마치고 귀가한 자녀들에게 "어땠니?"라고 물으면 대부분 그냥 "좋았어요."라고 대답한다(혹은 "모르겠어요."라고 대답할 수도 있다).

대체로 그들은 시간이 좀 지나서야 실제로 어떠했는지를 말한다. 좀 더 자세히 알기 위해 부모가 부드럽게 물어보기도 한다.

그렇다면 결혼생활에서는 어떻게 해야 할까? 우선 젊은 부부나 깊은 의사소통에 문제를 느끼는 부부들은 몇 주 동안 세세한 일들에 대해 얘기를 나누려고 의도적으로 노력을 기울여야 한다.

"나는 신호등이 있는 곳에서 좌회전했어요. ······사무실에 도착해서

외투를 문 옆 옷걸이에 걸었죠……."

물론 다소 과장된 표현이지만 핵심을 알아차렸을 것이라 생각한다. 일상생활 중에 일어나는 일들을 상세하게 얘기하라. 며칠 동안 그렇게 하고 나면 보다 중요한 일들을 언급할 수 있을 것이다. 더욱 중요한 것은 단순히 일어난 일을 말하는 것에서 자신의 감정을 표현하는 데까지 나아간다는 점이다. 그 과정에서 배우자는 당신과 일체감을 느낄 것이다. 그리고 당신의 일에 동참하고 있다는 느낌을 갖기 시작할 것이다.

배우자가 일하는 곳을 방문하는 것도 큰 도움이 된다. 당신의 작업 환경을 직접 눈으로 봄으로써 배우자는 당신의 세계와 더 가까워질 수 있다. 직장 동료에게 배우자를 소개하라. 그러면 당신이 집에 가서 "오늘 케빈의 기분이 정말 별로였어요."라고 말할 때 배우자는 케빈의 모습을 쉽게 떠올릴 수 있을 것이다.

의사소통의 두 번째 측면은 '문제 해결', 또는 '의사 결정'에 대한 것이다. 의사 결정에 관해서는 나중에 한 장 전체를 할애할 것이다. 여기서는 의사 결정 과정이 결혼생활의 첫 번째 갈등 요인임을 밝히는 것만 언급하겠다.

몹시 화가 날 때는

의사소통의 세 번째 측면은 '감정적 대화'다. 몹시 화가 나면 이성이 흐릿해지고 혼란스러워진다. 어떻게 하면 이 혼란을 멈추고 난처한 순간에 서로 화합할 수 있을까?

여러 해 전 8월의 어느 날, 결혼을 앞둔 나는 약혼한 캐롤린과 함께 우리의 결혼식 주례를 담당할 목회자를 방문했다. 그리고 오래된 참나무 아래에서 저녁 식사를 하며 결코 잊지 못할 조언을 들었다. "화가 날 때는 서로 돌아가면서 대화하세요." 그는 상대방이 가만히 듣고 있는 동안 자신이 얘기할 때에는 3-5분을 넘기지 말라고 했다. 또한 이 과정은 필요한 만큼 충분히 계속되어야 한다고 했다.

나는 하나님이 내게 주신 완벽한 아내에게 그런 전략을 사용할 필요가 있으리라고는 생각하지 못했다. 내가 왜 아내에게 그렇게 화를 내겠는가? 하지만 곧 그럴 일이 생겼고 나는 '차례로 얘기하기'에 숙달되어야 했다. 그 이후 많은 부부에게도 같은 원리를 제시해왔다. 돌아가며 얘기하는 것이 문제를 해결해주지는 않지만, 문제 해결을 찾도록 분을 가라앉힌다.

경청과 배려

상대방이 얘기할 때 당신은 경청해야 한다. 의사소통의 가장 큰 발견 중 하나는 경청의 놀라운 힘이다. 대부분의 사람들은 경청에 약하다. 야고보는 "듣기는 속히"(약 1:19) 하라고 했다. 상대방이 듣지 않으면 대화는 별 가치가 없어진다. 배우자가 얘기할 때는 당신이 경청할 차례다. 당신이 할 말을 생각한다면 상대방의 말에 집중할 수 없다. 당신의 차례가 되면 자연히 할 말이 떠오를 것이다. 그러니 자신의 생각에 몰두하지 말고 상대방의 말에 집중하라.

언급되는 사실과 감정에 귀 기울이라. 상대방의 말에 비추어 왜 그런 느낌을 갖게 되었는지 이해하려고 노력하라. 이해했다면 그 이해의 말이 강력한 치유책이 될 수 있다. "당신이 왜 그런 식으로 느꼈는지 이해할 수 있어요. 정말 이해해요. 이제 내 행동을 솔직하게 설명해볼게요." 그러고 나서 당신의 입장을 밝히라. 당신이 잘못이라면 앞에서 논의한 것처럼 그 잘못을 기꺼이 인정하라. 자기 합리화는 무가치하다.

"내가 들어주지 못한 배우자의 요구는 무엇일까?" 스스로 물어보라. 배우자가 당신에게 여러 날 부탁했던 집안일을 당신이 하지 않았을 수 있다. 그 일들이 당신에게는 중요하지 않을지 모르지만 배우자에게는 중요하다.

한 아내가 이렇게 말했다.

"남편과 이 문제를 해결하기까지 참 많은 시간이 걸렸어요. 읽은 신문을 한군데 모아 놓고, 재활용 쓰레기를 차고로 가져가는 것 같은 일들을 남편은 대수롭지 않게 여겼어요. 저는 어수선한 것을 무척 싫어하기 때문에 제게는 이런 일들이 중요했죠. 결국 제가 '여보, 그렇게 하는 게 내게는 중요해요. 당신은 나를 사랑하니까 그렇게 해줄 거라고 믿어요. 그건 특별히 힘들다거나, 시간을 많이 투자해야 한다거나, 돈이 들어가는 일이 아니잖아요.' 라고 말했어요.

남자들 대부분이 그렇듯이 제 남편도 생각을 정리하느라 시간을 보낼 때가 많은데, 그때마다 저는 남편을 방해하곤 해요. 사실 저는 방해받는 것을 그다지 개의치 않는 성격이죠. 굳이 모든 일을 그날 마무리 하려 하지 않아요. 또 저는 활발하게 의견 교환하는 걸 좋아하지만 남편은 그걸 실례로 여겨요. 저는 남편의 이런 면을 이해하려고 노력한답니다."

사랑은 배려다. 당신이 배려할 수 있는 일은 무엇인가? 배우자의 요구를 들어주라. 그것을 목표로 받아들인다면 당신은 빌립보서 2장 3-4절의 권면을 따르는 셈이다.

"아무 일에든지 다툼이나 허영으로 하지 말고 오직 겸손한 마음으로 각각 자기보다 남을 낫게 여기고 각각 자기 일을 돌아볼 뿐더러 또한 각각 다른 사람들의 일을 돌아보아"

의사소통의 장벽 극복하기

부부의 하나됨은 아름답다. 이러한 하나됨은 저절로 얻을 수 있는 것이 아니다. 그것은 많은 창의성과 에너지를 요구하지만 그에 대한 보상 또한 엄청나다. 여기서는 의사소통에서 흔히 발생하는 장벽들을 극복하는 실제적인 방안을 제시할 것이다.

1) 솔직하게 털어놓으라

 문제 부부의 가장 흔한 불평은 상대방이 의미 있는 대화를 거부한다는 것이다. 이를 남자들만의 특성이라고 보는 것은 불공평하다. 여자들 중에도 마음의 커튼을 닫아놓는 것이 더 편하다고 생각하는 경우가 많다. 마음을 닫는 것을 정신적인 장애로 여겨서는 안 된다. 어떤 남편은 아내뿐 아니라 그 누구에게도 마음을 열지 않는 자신의 과묵함을 알고 있으면서도 우울증과 자아 상실에까지 이르도록 그 문제를 방치한다. 그들은 자신이 심각한 정신 질환에 걸린 것이라고 판단한다. 하지만 사실은 그렇지 않다.

 우리 모두 성격상 장점과 단점을 지니고 있다. 그리고 과거를 바로잡을 수는 없지만 미래를 만들어 나갈 수는 있다. 어린 시절에 어떤 이유에서건 안으로 움츠러드는 내향적인 성격을 키워왔을 수 있다. 하지만 그렇다고 해서 우리가 삶을 열고 배우자와 연합하는 기쁨을 배울 수 없는 것은 아니다. 그 어떤 유형도 바뀔 수 있다. 부부간의 하나됨은 변화의 고통을 감수할 만한 가치가 있다.

 의사소통의 첫걸음은 배우자와 함께 문제에 대해 의논하는 것이다.

편안한 분위기에서 아내와 함께 앉아 이렇게 말하라.

"여보, 우리가 하나로 잘 일치되는 것 같지 않소. 내가 당신과의 대화에 소극적인 게 큰 문제라는 걸 알고 있어요. 나는 속내를 드러내고 내 생각이나 감정을 말하는 게 쉽지 않아요. 당신이 내 마음을 읽을 수 없어 힘들어하는 걸 알고 있소. 나도 나의 이런 부분이 개선되길 진심으로 원하고 있어요. 당신의 도움이 필요해요. 당신이 어떤 도움을 줄 수 있을지 모르겠지만, 아마 당신에게 좋은 생각이 있을 거라고 생각해요."

그런 다음 아내에게 대답할 기회를 주라. 아마도 아내는 어떤 아이디어를 가지고 있을 것이다. 이어서 당신의 마음을 열기 힘들게 한다고 생각되는 점들을 아내에게 얘기하라. "얘기를 좀 더 해요."라는 아내의 말을 들으면 얘기를 시작하기가 더 힘들어진다는 점을 아내에게 말하라.

아내가 특정한 질문들을 계속 던질 수도 있다. 어떤 남편은 아내에게 이렇게 부탁했다. "내 대답이 짧다고 해서 질문하는 걸 중단하지는 말아요. 나는 정말 더 얘기하고 싶지만 당신의 첫 질문으로는 얘기를 이어나가기 힘들어요. 계속 질문한다면 나도 말을 계속할 거예요."

당신이 배우자에게 조언을 구함으로써 대화를 도울 수도 있다. 대다수의 사람들은 누군가가 구체적인 조언을 구할 때 말을 더 많이 하게 된다. 상대방이 진심으로 조언을 듣고 싶어 할 때는 특히 그렇다. 또한 배우자가 당신의 일이나 취미에 관심을 보이면, 당신은 어떤 공감대를 느끼고 얘기를 꺼낼 수 있다. 함께 신문을 읽거나 가족 드라마를 시청하거나 야간학교에 함께 다녀보라. 그렇게 해서 일체감이 더해진다면 시간과 돈이 잘 투자된 셈이다.

문제가 보다 심각할 수 있다. 치유되지 않은 과거의 상처가 있을 수도 있다. 만일 상처가 당신의 마음속에 자리잡고 있다면, 당신은 배우자에게 그것을 바로잡을 기회를 주도록 마음을 열어야 한다. 당신은 기꺼이 자백하고 용서해야 한다. 문제를 말로 표현하기 힘들면 편지를 건네어 당신 앞에서 읽어보게 하고 그 후에 논의하라. 때로는 말로 표현하기 힘든 것을 글로 전하는 것이 좋을 수도 있다.

당신이 말을 자제함으로 도움을 줄 수도 있다. 당신이 말을 너무 많이 하면 상대방은 말할 기회를 얻지 못한다. 질문한 후 곧바로 자신이 대답하는 남편이나 아내들이 많다. 그러면 상대방은 할 말을 잃는다. 다음과 같은 야고보의 조언을 명심해야 한다.

"사람마다 듣기는 속히 하고 말하기는 더디 하며" (약 1:19).

에이브러햄 링컨에 관한 리포터를 써야 했던 한 여자아이에 관한 이야기다. 아이가 엄마에게 도움을 구하자 엄마는 남편이 남북전쟁에 대해 잘 알 거라는 생각에 "아빠에게 물어봐."라고 했다. 그러자 아이가 이렇게 말했다. "난 그 정도로 많이 알고 싶은 게 아니에요."

다른 영역에 대한 논의가 의사소통에 도움을 줄 것이라 생각된다면 서로에게 솔직히 털어놓으라. 결국 그 논의는 의사소통을 위한 것이다. 자신의 어려움을 인정하고 도움을 구하는 것이기에 모든 제안을 다 고려해야 한다.

성적인 요구가 채워지지 않아 배우자를 향한 부정적인 태도가 심해질 수도 있다. 그 문제를 논의한 적이 전혀 없더라도 그것이 다른 부분에서의 의사소통을 가로막는 실제적인 장벽일 수 있다. 이제 그것을 털어놓을 시점이다. 이렇게 하는 것은 상처를 입히는 대신 도움을 줄 것이다.

의사소통 문제로 대화를 나눈 후에는 기도할 것을 권하고 싶다. 큰 소리로 기도하든 조용히 기도하든, 어떻게든 기도할 수 있을 것이다. 조용히 기도하는 경우에는 손을 잡고 기도하고 마지막을 "아멘!"으로 끝내라.

2) 분노를 조절하라

분노를 조절하지 않으면 의사소통에 장애가 생긴다. 화를 내면 의사소통이 힘들어진다. 그렇다고 분노 자체를 죄악으로 간주하면 안 된다. 불의와 불공평에 대한 분노의 감정이 사회개혁을 유발했고, 예수님도 때로는 분노하셨기 때문이다(막 3:5).

하지만 대부분의 분노는 의분이라기보다 자기중심적인 마음에서 생기는 경우가 많다. 우리는 누군가로 인해 신경이 거슬리거나 우리 뜻대로 하지 못해 화가 난다. 성경은 그런 분노를 책망한다(엡 4:31). 심지어 의분마저도 쉽게 그릇된 행동을 유발할 수 있다. 때문에 바울은 "분을 내어도 죄를 짓지 말며"(엡 4:26)라고 경고한다. 그러므로 분노가 우리를 지배하여 우리를 잘못된 행동으로 이끌게 해서는 안 된다.

분노의 감정은 우리의 통제를 넘어설 수 있지만, 분노에 대한 우리의 반응은 그렇지 않다. 우리는 분노에 지배되지 않고 그것을 지배할 수 있는 능력을 지니고 있다. "내 성격이 그래요."라는 말이 분별없는 행동에 대한 평계가 될 수 없다. 우리 모두 화내는 기질을 지니고 있고, 자신의 기질을 조절할 책임도 있다.

부부간에 다툴 때 자신의 분노를 어떻게 조절할 수 있을까? 나는 잠시 물러나는 간단한 기술을 권하고 싶다. 분노가 일어나는 것을 느낄 때(누구나 이것을 자각할 수 있다) 그 분노를 다스려보라. 다음과 같은 간단한 언급도 도움이 된다. "여보, 나는 지금 화가 치밀어요. 난 화내고 싶지 않고, 당신도 내가 화내는 모습을 보고 싶지 않을 거예요. 그러니 내 감정을 절제할 수 있을 때까지 잠시 토론을 중단합시다."(여러 날 동안이 아니라 몇 분 또는 몇 시간 동안만 중단하는 것이 좋을 것이다)

성경은 "해가 지도록 분을 품지"(엡 4:26) 말라고 권면한다. 이것은 언쟁 자체를 피하라는 것이 아니라 감정 절제를 위해 잠시 물러남을 뜻한다.

화가 난 상태에서 한 발짝 물러난 후 자신의 생각과 행동, 감정을 객관적으로 평가하라. 이 일을 혼자 하지 말고 하나님과 함께하라. 그렇게 하지 않으면 잘못된 결론에 이르게 될 것이다. "주님, 제가 왜 이 문제 때문에 그토록 화를 내었습니까?" 하고 여쭈어보라. 먼저는 하나님께, 그리고 배우자에게 이기적인 동기나 잘못된 태도나 다른 실수들을 인정하고 자백하라.

감정이 차분히 가라앉으면 돌아가서 그 문제를 다시 논의하라. 앞에서 언급했던, 차례로 말하는 방법을 활용할 수도 있다. 모든 문제에는 답이 있다. 거친 말이나 폭행으로 분노를 터뜨리면 문제를 더 악화시킬 뿐이다. 건설적으로 대응한다면 관심을 두어야 하는 관계 영역을 드러내어 부부간의 연합을 증진시킬 수 있다. 분노는 서로를 분리시킨다. 반면에 분노 절제는 서로를 더 가까워지게 한다.

3) 이기심을 물리치라

언젠가 이런 말을 들었다. "남편은 너무 이기적이에요. 대화할 때도 자신의 방식을 요구해요. 잘못한 쪽은 언제나 저예요. 그의 대화 개념은 '어떤 상황인지 내가 말해줄 테니 앉아봐요.' 라는 식이죠."

이기심은 연합을 방해하는 가장 큰 장벽이다. 우리 모두는 이 질병을 앓고 있다. 부부간의 연합을 훼방하는 가장 큰 적은 바로 우리 자신이다. 본성적으로 우리는 반대 방향으로 향한다.

"내 의견이 늘 맞다고 봐요. 난 틀린 의견을 내지 않아요. 당신도 내 의견이 잘못되지 않았다고 생각하죠? 그렇죠?"

인간의 본성을 이해한다면 이 부분에 도움이 될 것이다. 이 약점을 깨달을 때 모든 상황을 보다 사실적으로 평가하게 된다. 나의 본성은 이기적이지만 그리스도인으로서 나는 새로운 성품을 지녔다. 성령께서 내 삶 속에 거하시기 때문에 나는 이기적인 옛 성품에 굴복할 필요 없이 성령과 연합하여 이타적으로 행할 수 있다.

이기심의 반대는 사랑, 성경적인 사랑이다. 성경적인 사랑은 자기희생적이며 무조건적인 사랑을 말한다. 그것은 배우자가 건네야 하는 가장 큰 선물이다. 그러나 내가 이기심에 대항하기로 결심하기 전까지는 그런 사랑을 줄 수 없다. 선택은 내 몫이다.

또한 우리는 배우자의 이기심을 통제하지 못한다. 사람은 자신의 이기심만 해결할 수 있을 뿐이다. 그러나 자신의 이기심을 해결한다면 당신은 배우자에게 본받을 만한 본보기를 제시하는 셈이다(대부분의 사람들은 좋은 본보기에 긍정적으로 반응한다). 배우자의 이기심에 더 이상 맞서 싸우지 못할 때는 자신의 이기심을 물리치는 데 초점을 맞추라.

4) 비판하기 전에 칭찬부터 하라

많은 남편과 아내들은 배우자에게 상처를 주지 않으려고 자신의 속내를 표현하지 않으려 한다. 자신이 솔직해지면 상대방이 견디지 못할 것이라고 생각한다. 그래서 관계를 깨트리기보다는 제한된 연합 상태로 살아가는 데 만족한다. 그 의도는 나름대로 가치를 지니며, 대부분의 사람들이 이런 갈등을 느낀다. 하지만 어른다운 책임을 떠맡지 않고서는 성숙한 관계를 맺을 수 없다.

이것은 주말 저녁식사 시간에 서글픈 이야기를 주저리주저리 늘어놓아 배우자를 곤혹스럽게 해야 한다는 뜻이 아니다. 우선 시간과 장소를 주의 깊게 선정해야 한다. 파괴적인 감정 폭발에 반대되는, 건설적인 의사소통의 원칙도 있다. 로마서 14장 19절은 "화평의 일과 서로 덕을 세우는 일"에 힘쓸 것을 권한다. 우리의 목표는 배우자를 '세우는 것'이어야 한다. 사랑은 덕을 세운다(고전 8:1).

'솔직함'이라는 이름으로 배우자의 머리에 부정적인 쓰레기를 부으라고 권하는 것이 아니다. 그리스도인은 사랑으로 진실을 말해야 하며(엡 4:15), 사랑은 덕을 세운다. 진실을 말하는 것은 파괴하기 위해서가 아니라 세우기 위함이다.

'이렇게 말하는 나의 동기가 무엇인가?'라고 스스로 물어보는 것이 좋다. 보복하고 싶은 감정으로 말하고 있는가? 그렇다면 그 말은 서로를 연합시키기보다는 도리어 분리시킬 것이다. 누구나 배우자에게 부정적인 생각과 감정을 지닐 때가 있다. 솔직함을 빙자하여 이 모든 감정을 드러내서는 안 된다. 그 감정이 '덕 세우기'의 체로 걸러져야 한다. 그래서 건물을 세우는 블록의 역할을 해야 한다. 그것을 표현하라.

만일 그것이 폭탄처럼 터지려 하면 당신이 가장 소중히 여기는 것을 파괴하기 전에 그 폭탄 장치를 제거하라.

상대방을 세우는 일은 고통을 수반하는 면도 포함한다. 고통 없이는 개인적인 성장이 이루어지지 않는다. 또한 참된 사랑은 고통을 수반하더라도 성장을 자극한다. 하지만 아무도 고통을 좋아하지 않는다. 진실을 토로하는 당신의 말을 듣고 배우자가 기뻐하지 않을 수 있다. 하지만 그런 고통은 성장을 가져다주며 가치 있는 것이다. 수술이 결코 즐거운 일은 아니지만, 생명을 살리는 결과를 가져다줄 수 있다. 즉 우리 모두는 감정적, 사회적, 영적 수술을 필요로 하며, 우리의 배우자가 외과의사 역할을 할 수 있다. 분명 당신은 실망과 낙심을 드러내고 싶지 않을 것이다. 그러나 언제나 행복하고 만족스러운 사람은 없다. 성숙한 결혼생활은 배우자가 언짢은 기분을 토로해도 수용하는 자세를 갖게 한다. 그것은 비판할 때가 아니라 수용하고 이해할 때다.

'솔직함'을 자신의 모든 불행을 한탄하며 배우자를 비난할 수 있는 허가증으로 사용하지 말라. 행복과 불행이란 자신이 스스로 선택하는 마음 상태임을 기억하라. 배우자의 태도와 행동이 도움을 주거나 방해할 수도 있지만, 결국 선택은 당신에게 달려 있다.

또한 배우자를 과잉보호해서도 안 된다. 당신의 배우자에게 필요한 것은 또 다른 엄마나 아빠가 아니라 사랑으로 말해 줄 수 있는 온전한 파트너다.

약물 치료는 주의를 요한다. 약을 과잉 투여하지 말라. 어느 날 갑자기 쇠약해지는 사람은 없다. 한꺼번에 투약하지 말고 간격을 두고 규칙적으로 투약해야 한다. 가장 좋은 때를 찾으라. 배고프거나 밤늦은 시간을 택하지 말라. 약간의 건설적인 비판을 들어도 괜찮겠는지 물어보라. 상대방이 준비되지 않은 상태에서는 그런 얘기를 꺼내지 말라. 당신의 비판은 배우자의 긍정적인 반응을 예상하는 것이어야 한다.

비판을 칭찬과 결부시키라. 성경적인 비판 유형이 요한계시록 2장 2-4절에 나온다. 그리스도는 에베소 교회에 "내가 네 행위와 수고와 네 인내를 알고…… 그러나 너를 책망할 것이 있나니"라고 말씀하셨다. 즉 먼저 칭찬하신 후에 책망하셨다. 칭찬 셋에 책망 하나의 유형이다. 칭찬과 비판이 같은 영역에 대한 것이면 더 좋다. 칭찬을 결부시키더라도 비판이 받아들여질 수 있는 때를 기다리라. 예를 들어 아내가 세면대에 머리카락을 남겨두는 문제로 내게 따지기 원한다고 가정하자. 아내는 이런 말로 시작할 수 있다. "여보, 오늘 밤에 당신에게 건설적인 조언을 할까 하는데 괜찮나요?" 그녀는 내 선택에 맡긴다. 내가 "아니."라고 대답한다면 아마 나는 한 시간도 지나지 않아 아내에게로 가서 "도대체 할 말이 무엇이오? 정말 궁금하구려."라고 말할 것이다. 아내는 "아니에요. 나는 내일까지, 아니 다음 주까지라도 기다릴 수 있어요. 당신 기분이 괜찮을 때 내게 알려 줘요."라고 말한다. 그러면 아마 나는 "지금 괜찮아요."라고 대답할 것이다.

이제 아내는 칭찬으로 시작한다.

"먼저 당신의 장점들을 얘기해볼게요. 우선 옷을 늘 걸어두어서 고마워요. 다른 여자들 얘기를 들어보면 남편이 옷을 아무 곳에다 던져둔다고들 하는데 당신은 그러지 않아서 좋아요. 그리고 어젯밤에 승용차 앞 유리에 붙은 벌레들을 쫓아줘서 고마워요. 또 목요일 밤마다 청소기를 돌려줘서 너무 고마워요. 당신이 청소기를 돌릴 때마다 나는 너무 행복해요. 난 정말 당신이 좋아요. 그런데 당신이 한 가지만 바꾼다면 나는 더 행복할 것 같아요."

이 시점에 이르면 나는 아내의 제안에 순순히 응할 준비를 갖추게 된다. 곧이어 아내는 이렇게 말한다.

"욕실에 들어가서 세면대 위 여기저기에 있는 머리카락들을 보면 기분이 언짢아져요. 가능하다면 당신이 욕실에서 나오기 전에 머리카락들을 치우고 나오면 좋겠어요."

사실 이 얘기는 지어낸 것이 아니다. 그 후로 나는 세면대를 누구보다 더 깨끗하게 사용해왔다.

칭찬은 내가 실패자가 아님을 느끼게 한다. 나는 기본적으로 잘하고 있으며 계속 성장할 수 있다. 그러나 칭찬 없이 비판만 들으면 포기하기 쉽다.

"나는 배우자를 기쁘게 하려고 온갖 노력을 다하지만 돌아오는 건 비판뿐이야. 포기할래!"

5) 자신감을 가지라

겉으로는 자신감 있는 체하더라도 많은 사람들의 마음속에는 자신이 무능하다는 생각이 오래도록 자리 잡고 있다. 지금까지 실패한 것들을 돌아보기는 쉽지만 자신의 성공은 잘 기억하지 못한다. 다른 사람들을 만날 때마다 위협을 느낀다. 결혼생활에서도 거부당하거나 실패할까봐 두려워서 자신의 속내를 털어놓기 힘들어한다.

제임스 돕슨은 "자존감 결여가 다른 어떤 요인보다 정신질환을 더 잘 유발한다."[2] 라고 지적한다. 또한 그는 "우리 문화의 가치와 체계는 미모와 두뇌, 그리고 운동 능력을 중시한다"[3]고 한다. 이 세 가지 영역 (이 중 대부분은 우리가 조종할 수 있는 범위 밖에 있다)에서 인정받지 못할 때 우리는 스스로를 실패자로 여기는 경향이 있다.

하지만 우리의 자아 개념은 그릇될 수 있다. 당신은 슈퍼모델이 아니거나, 명문대 졸업생이 아니거나, 타이거 우즈처럼 멋진 퍼팅을 하지 못할 수 있다. 그렇지만 당신은 다른 사람들과 마찬가지로 하나님의 형상대로 지음받은 존재다. 수많은 사람이 자신이 무능하다는 생각과 싸워 이겼다. 당신도 이길 수 있다!

분명 당신에게도 약점이 있다. 또 실패한 적이 있지만 여러 일들을 성공시킬 수 있는 힘도 지니고 있다. MCAT(의과대학원 입학시험)를 통과하지

---

2) James Dobson, *The New Hide and Seek*(Grand Rapids: Revell, 1999), p. 195.
3) 상동, pp. 17-53.

못할지 모르지만 예술적인 재능은 탁월할 수 있다. 다른 사람들이 갖고 있는 재주와 같지 않고 같을 필요도 없다. 하나님은 모든 사람을 똑같은 모습이 아니라 다양하게 만드셨다.

하나님의 인도하심 안에서 자신의 모습에 최선을 다하며 충실하기 바란다. 자신의 능력을 활용하라. 통제할 수 없는 일들 때문에 염려하지 말라. 당신은 하나님의 형상으로 지음받았기 때문에 고귀하다. 당신의 가치는 행하거나 행하지 않은 어떤 일에 의해 결정되지 않는다. 당신은 가치 있는 목표들을 실현할 수 있다.

감정에 휩쓸리지 말라. 자신이 무능하다는 생각으로 괴로워하고 있다면 하나님께 고백하고 "능력 주시는 자 안에서" 모든 것을 할 수 있음을 인하여 그분께 감사하라(빌 4:13).

낮은 자존감을 지닌 배우자를 어떻게 도울 수 있을까?

과거를 받아들이며 미래에 집중하도록 격려하라. 그리고 그에게 사랑과 관심을 표하라. 결혼은 바로 그 일을 위한 것이다. 자신의 짐을 혼자 짊어질 필요가 없다(갈 6:2). 배우자를 격려하는 것과 관련하여 제임스 돕슨의 감동적인 표현을 소개한다.

살면서 힘든 일이 많았네요. 고생이 많았겠어요. 당신은 지금까지 별 도움도 받지 못한 채 문제에 시달려 좌절하기도 했군요. 이제 내가 그 짐을 나눌게요. 이 순간부터 인격적으로 당신에게 관심을 기울이겠어요. 당신은 나의 존경을 받을 자격이 있고, 앞으로 존경받을 거예요. 나는 가능한 한 당신이 염려하지 않으면 좋겠어요. 문제들을 내게 털어놓아요. 현재와 미래에 초점을 맞춥시다. 그리고 어떻게 하면 해결할 수 있을지 함께 그 방법을 찾아보도록 해요.[4]

이런 말은 수용, 사랑, 이해, 격려, 방향 제시의 뜻을 담는다. 이것은 긍정적인 태도를 독려한다. 성장을 위해서는 이런 태도가 필수다.

Point

건강하고 의미 있는 의사소통은 사치가 아니라 필수 사항이다. 그러한 의사소통 없이는 하나로 연합하기 힘들다. 의사소통에 대한 장벽은 매우 많지만 충분히 극복할 수 있다. 의사소통하려는 자신의 의지가 관건이다. 결혼생활에서 하나됨을 원한다면 감정이나 과거의 실패에 아랑곳없이 의사소통하는 편을 택해야 한다. 그 과정에서 고통이 따르겠지만, 그 고통은 성장의 시녀가 될 것이다.

---

4) 상동, p.196.

THE MARRIAGE YOU'VE ALWAYS WANTED

부부행복 실천연습 4

결혼생활을 돌아보고 솔직하게 스스로 물어보라. "나는 우리 부부의 의사소통에 만족하는가?" (아니라면 계속 읽으라)

1. 결혼생활에서 의사소통이 가장 필요하다고 느끼는 부분을 적어보라.

2. 부부 중 이야기하기를 더 좋아하는 사람은 누구인가?

3. 당신의 생각과 감정을 배우자에게 털어놓기 힘들다면 마음 문을 열고 솔직한 대화를 시도해보라 (시작하기 쉽지 않겠지만 천리 길도 한 걸음부터다).

4. 본 장을 다시 읽고 당신이 배우자와의 의사소통에 도움을 줄 수 있다고 믿는 방법들을 적어보고, 그것을 정기적으로 실천해보라.

5. 본 장을 배우자와 함께 읽고 그 내용에 비추어 자신의 모습에 관해 토론해보라(단, 상대방이 부탁하기 전에는 상대방의 모습에 대해 언급하지 말라).

6. 의사소통과 관련하여 도움 받기를 원하는지 배우자에게 물어보라(강요하지 않도록 주의하라).

5
역할 분담
"누가 어떤 일을 담당할까?"

　에이미와 댄은 하와이 마우이섬에서의 신혼여행을 마치고 방금 돌아왔다. 그들은 둘 다 일터로 복귀하고 새 아파트에서 첫 저녁을 함께 보내며 즐거워했다. 에이미는 댄보다 30분 일찍 집에 도착하고, 우편함과 자동응답기를 확인한 후 저녁식사를 준비하기 시작했다. 결혼 후 처음 만드는 식사다. 양파를 썰기 전에 댄이 들어와서 곧바로 부엌으로 향했다. 에이미를 포근하게 안고 뜨겁게 키스했다. 그러고는 즉시 컴퓨터로 가서 게임을 즐겼다.

　식사가 준비되자 에이미는 남편을 불렀다. 댄은 환한 미소를 지으며 냉큼 달려와 "이야, 이 맛있는 냄새!"라며 감탄했다. 일상의 대화가 이어졌다. 주로 사무실 친구들에 대한 얘기다.

식사가 끝났다. 댄은 미안하다고 말하며 야구 경기를 보러 갔고, 에이미는 테이블을 치우고 설거지를 했다. 잠시 후 그들은 함께 편안한 저녁 시간을 가졌다.

다음 날 저녁에도 같은 패턴이 이어졌다. 그 다음 날도 마찬가지다. 자기가 좋아하는 팀의 올해 경기 성적에 관해 친구와 전화 통화를 하고 있는 댄을 에이미가 노려보았다. 그리고 전화를 끊자 매섭게 쏘아붙였다. 댄은 어이없는 표정을 지었다. 대체 내가 무슨 잘못을 저질렀다는 말인가? 댄은 "당신은 요리를 좋아하잖아요? 당신은 늘 그렇게 말해왔어요. 데이트할 때 당신이 날 위해 자주 요리해주지 않았나요?"라고 항변했다. 전업주부인 자신의 어머니는 주방 일을(그리고 다른 모든 집안일도) 혼자 도맡았다는 사실까지 덧붙이고 싶었지만 참았다.

에이미 역시 어릴 적 삽화가로서 재택근무를 했던 아버지가 영업부 팀장인 어머니를 도와 집안일을 함께 했다는 말을 하고 싶었지만 참았다. 둘 다 자신의 기대감을 솔직히 털어놓지 않았다.

결혼 후 처음 3개월 동안 대부분의 부부가 겪는 일을 에이미와 댄도 겪었다. 집안일을 어떻게 분담할 것인지에 대해 결코 합의점을 찾지 못했다.

오늘날에도 집세를 지불하는 일이나 청소를 한 사람이 도맡아야 하는 가정이 있다. 배우자와 매번 협상하기보다는 미리 합의한 대로 특정한 일을 분담한다면 생활이 훨씬 순조로워질 것이다. "이번 주에 당신이 고지서 요금을 내고 내가 식료품들을 사오는 게 어때요?"라는 식으로 말이다.

과거 세대는 매우 전통적인 방식으로 일을 분담했지만, 일터로 나가는 여성이 점점 더 많아지고 사회적인 시각이 변함에 따라 청소기를 돌리는 엄마 옆에서 신문을 읽고 있는 아빠의 이미지는 흑백 TV와 함께 사라진 지 오래다.

편견의 굴레에서 벗어나

남녀의 역할에 대한 편견이 오늘날까지도 이어지고 있다. 남자들은 대개 물건을 고치거나, 벌레를 잡거나, 고기나 생선 등을 석쇠에 굽거나, 자동차나 쓰레기와 관련된 일들을 처리한다. 그리고 여자들은 (직업 여부에 상관없이) 실내를 꾸미거나, 가전제품 닦기와 같은 사소한 일들을 하거나, 욕실에 비누를 늘 준비하거나, 실내장식 같은 일들을 결정한다. 또한 여자들은 가족의 스케줄을 짜고, 이웃과의 합의를 맡고, 자녀의 일정을 관리한다.

이러한 편견들을 어떻게 바로잡을 수 있을까? 결혼 전에 각자의 책임에 대해 논의하고 충분히 합의할 시간을 가졌다면 많은 갈등을 미리 막을 수 있었을 것이다. 대부분의 문제는 책임 할당에 동의하지 못해서 생기는 것이 아니라 그 문제를 논의조차 하지 않는 데서 비롯된다. 베테랑 부부라도 집안일을 적절히 분담하고 있는지 정기적으로 점검하고 평가하여 유익을 얻을 수 있다. 먼저 결혼생활의 연합 개념으로 돌아가자. 이것은 하나님의 뜻이기도 하다.

아담과 하와에게 맡겨진 역할

태초에 하나님은 아담과 하와에게 목표를 주셨다.

"하나님이 그들에게 복을 주시며 그들에게 이르시되 생육하고 번성하여 땅에 충만하라, 땅을 정복하라, 바다의 고기와 공중의 새와 땅에 움직이는 모든 생물을 다스리라 하시니라"(창 1:28).

남편과 아내 모두에게 할 일이 주어졌다. 그들은 자손을 생육하고, 땅과 모든 생물체를 다스려야 했다. 그 목표를 달성할 책임은 두 사람 모두에게 있었지만, 두 사람이 똑같은 역할을 맡은 것은 아니다. 여자는 자녀를 출산했고 그 과정에서 남자가 중요한 역할을 감당해야 했다. 하나님이 원하시는 유형은 '연합'이다. 남편과 아내가 한 팀으로 협력하는 것이 하나님의 계획이었다. 자녀의 생육도 그러한 팀워크를 요구한다. 이것은 모든 삶의 본보기다.

남편과 아내가 자녀의 출산과 양육을 위해 협력해야 하듯이, 다른 모든 영역에서도 각자의 책임은 다르지만 같은 목적을 위해 협력해야 한다. 스포츠 팀에서 선수 모두가 같은 임무를 맡는 것은 아니지만 그들의 목표는 동일하다. 마찬가지로 남편과 아내도 동일한 역할을 수행하지는 않지만 한 팀으로서 하나님으로부터 받은 공동의 목표를 향해 나아가야 한다.

아담과 하와에게 맡겨진 역할의 다양성은 그들의 죄에 대한 심판을 선언하는 창세기 3장에 암시되어 있다.

"또 여자에게 이르시되 내가 네게 잉태하는 고통을 크게 더하리니 네가 수고하고 자식을 낳을 것이며 너는 남편을 사모하고 남편은 너를 다스릴 것이니라 하시고 아담에게 이르시되 네가 네 아내의 말을 듣고 내가 너더러 먹지 말라 한 나무 실과를 먹었은즉 땅은 너로 인하여 저주를 받고 너는 종신토록 수고하여야 그 소산을 먹으리라 땅이 네게 가시덤불과 엉겅퀴를 낼 것이라 너의 먹을 것은 밭의 채소인즉 네가 얼굴에 땀이 흘러야 식물을 먹고 필경은 흙으로 돌아가리니 그 속에서 네가 취함을 입었음이라 너는 흙이니 흙으로 돌아갈 것이니라 하시니라"(창 3:16-19).

하와에 대한 하나님의 심판은 출산의 고통이 강화되는 것이었다.

출산은 하와에게 맡겨진 역할이었다. 이 심판은 자녀 생산과 관련한 남자의 역할에는 영향을 미치지 않았다. 농부였던 아담을 심판하기 위해 하나님은 땅에 가시와 엉겅퀴로 경작을 더 힘들게 하셨다.

남녀의 역할에 맞춰 가해진 이 두 가지 심판은 죄의 결과를 부단히 상기시켰다. 하와는 자신의 독특한 역할 가운데서 심판을 맞았고, 아담은 들에서 가족을 위해 음식을 마련하는 역할을 매일 감당하면서 심판에 직면했다.

하와가 "생육하고 번성하라"는 하나님의 지시대로 자신의 역할을 제대로 감당하려면 들을 경작할 수 없었을 것이다. 자녀 생산과 관련한 아담의 역할이 하와와는 달랐기 때문에 그는 땅을 정복하고 다른 생물을 다스리는 역할에 몰두할 수 있었다. 따라서 아내에게는 자녀를 출산하는 역할이, 그리고 남편에게는 가족을 부양해야 하는 역할이 각각 강조되었다.

하지만 이 역할들을 약간의 융통성도 없이 철저히 분리하여 생각하면 안 된다. 농사일을 아는 사람이라면 성공적인 농사를 위해 농부 아내의 역할이 매우 중요하다는 점을 잘 알 것이다. 아담 역시 자녀 양육과 관련된 책임을 분담했다. 자녀 양육에서 성경이 강조하는 것은 '엄마의 역할'이 아니라 '부모의 역할'이다.

본 장에서는 부부의 팀워크를 강조함과 아울러 각자에게 맡겨진 책임의 다양성을 개괄적으로 살펴볼 것이다.

일, 가족, 그리고 선택

잠언 31장을 살펴보면 현숙한 여인에 관해 묘사된 부분이 있다.

"누가 현숙한 여인을 찾아 얻겠느냐 그 값은 진주보다 더하니라 그런 자의 남편의 마음은 그를 믿나니 산업이 핍절치 아니하겠으며 그런 자는 살아 있는 동안에 그 남편에게 선을 행하고 악을 행치 아니하느니라 그는 양털과 삼을 구하여 부지런히 손으로 일하며 상고의 배와 같아서 먼 데서 양식을 가져오며 밤이 새기 전에 일어나서 그 집 사람에게 식물을 나눠 주며 여종에게 일을 정하여 맡기며 밭을 간품하여 사며 그 손으로 번 것을 가지고 포도원을 심으며 힘으로 허리를 묶으며 그 팔을 강하게 하며 자기의 무역하는 것이 이로운 줄을 깨닫고 밤에 등불을 끄지 아니하고 손으로 솜뭉치를 들고 손가락으로 가락을 잡으며 그는 간곤한 자에게 손을 펴며 궁핍한 자를 위하여 손을 내밀며 그 집 사람들은 다 홍색 옷을 입었으므로 눈이 와도 그는 집 사람을 위하여 두려워하지 아니하며 그는 자기를 위하여 아름다운 방석을 지으며 세마포와 자색 옷을 입으며 그 남편은 그 땅의 장로로 더불어 성문에 앉으며 사람의 아는 바가 되며 그는 베로 옷을 지어 팔며 띠를 만들어 상고에게 맡기며 능력과 존귀로 옷을 삼고 후일을 웃으며 입을 열어 지혜를 베풀며 그 혀로 인애의 법을 말하며 그 집안일을 보살피고 게을리 얻은 양식을 먹지 아니하나니 그 자식들은 일어나 사례하며 그 남편은 칭찬하기를" (잠 31:10-28).

이 내용을 읽고 난 후 아내의 역할이 출산에 국한된다고 결론지을 사람은 아무도 없을 것이다. 하지만 분명 이 아내의 무게중심은 가정에 있다.

　아내들은 바느질, 요리, 논밭 구매, 포도 재배, 옷감 제조와 판매, 가난하고 어려운 사람 돌보기, 지혜롭고 친절하게 말하기 등 여러 가지 다양한 활동에 종사해왔다. 특별히 본문에 나온 이 아내는 가정 경제에 기여했다. 그러나 결국 그 모든 일의 초점은 가족의 안녕이었다(남편〈11-12절〉, 자녀〈15, 21, 27절〉, 자신〈22절〉).

　그렇다면 그런 삶의 결과는 무엇일까?

"그 자식들은 일어나 사례하며 그 남편은 칭찬하기를"(28절).

　젊은 여자들로 하여금 집안일을 하라고 당부했던 바울도 이 잠언 내용을 염두에 두었을 것이다(딛 2:5). 그리스도인 아내는 가정 일에만 몰두해야 한다는 뜻이 아니다. 다만 모든 활동의 중심이 가족이어야 한다는 뜻이다. 즉 새로운 역할에 직면할 때 그 일이 가족과 남편과 자녀에게 어떤 영향을 미칠지 항상 고려해야 한다.

　하지만 이 원칙의 실제적인 적용은 가정마다 다를 수 있다. 상대적으로 낮은 수입을 받고 프리랜서 재택근무를 하는 전문직 여성으로부터 밤중에 퇴근하여 쉴 틈도 없이 아이들의 숙제를 도와주는 엄마에

이르기까지, 직업을 가진 여성 중에는 큰 희생을 감수하는 이들이 많다. 때로는 자녀를 학교에 보내기 위해 일터로 가야 하는 엄마들도 있다. 신약성경에서도 '일하는' 여성들을 많이 언급한다. 장막을 짓는 일을 하는 브리스길라(롬, 고전, 딤후), 자주색 옷감을 파는 일을 했던 루디아(행 16:14), 그리고 함께 여행하며 예수님과 열두 제자를 재정적으로 도왔던 여성들(눅 8장)처럼 말이다.

그러면 남편의 책임은 무엇인가? 디모데전서 5장 8절은 이렇게 말한다.

"누구든지 자기 친족 특히 자기 가족을 돌아보지 아니하면 믿음을 배반한 자요 불신자보다 더 악한 자니라"

문맥상 이 구절은 미망인 친족을 돌보아야 하는 남자의 책임을 언급하고 있다. 그렇다면 자신의 가족을 돌보는 것은 더욱 당연한 일이 될 것이다.

부양자이신 하나님

예수님은 일관되게 하나님을 "아버지"라고 부르셨다. 다음은 예수님이 하나님을 부양자로 언급하신 내용이다.

"너희 중에 누가 아들이 떡을 달라 하면 돌을 주며 생선을 달라 하면 뱀을 줄 사람이 있겠느냐 너희가 악한 자라도 좋은 것으로 자식에게 줄 줄 알거든 하물며 하늘에 계신 너희 아버지께서 구하는 자에게 좋은 것으로 주시지 않겠느냐" (마 7:9-11).

만일 당신이 아버지이신 하나님의 역할을 한마디로 묘사한다면 어떤 단어를 고르겠는가? 나는 '부양자'라는 단어를 선택할 것이다. 그분은 삶과 경건을 위해 필요한 모든 것을 우리에게 공급하신다(벧후 1:3). 또한 그분은 생명을 주실 뿐 아니라 생명을 유지시키며, 우리의 모든 요구를 채워주신다.

이는 가족 부양에서 아내에게 주도권과 책임이 없음을 뜻하는 것이 아니다. 잠언 31장은 그런 개념을 배격한다. 남편과 아내는 한 팀으로서 협력해야 한다. 다만 가족의 필요를 채워주는 기본적인 책임은 남편에게 있다는 것이 성경의 가르침이다.

일하는 아내, 위축된 남편

간혹 여러 가지 이유로 아내가 주로 돈벌이를 담당해야 하는 경우가 있다. 특히 최근에는 경제 환경이 변하고 직업적인 안정성이 사라짐에 따라, 실업이나 불완전 고용에 시달리는 남편 대신 돈벌이에 나서는 여성이 점점 더 늘어나고 있다. 이 아내들에게 하나님이 힘과 은혜를 주실 것이다. 하지만 그런 아내는 남편이 자신의 역할을 잊지 않도록 도와주어야 하며, 계속해서 그를 존경하고 격려해야 한다. 남편과 아내가 한 팀이며 모든 팀원에게는 책임이 있음을 기억하라.

최근에는 자녀를 위해 시간을 할애하는 아빠의 중요성이 점점 더 부각되고 있다. 어떤 남편이 이렇게 말했다.

"어릴 적 저희 아버지는 일 때문에 항상 여행을 다니셨어요. 집안일에 대해서는 전혀 신경 쓰지 않으셨고 저희와 함께 시간을 보낸 적이 별로 없으셨죠. 가끔 저희를 서커스에 데리고 가는 정도였어요. 그래서 저는 제가 나중에 커서 가장이 되면 가족과 함께하는 시간을 많이 가지겠다고 다짐했어요."

그와 비슷한 나이의 남자들 중에는 그의 말에 공감하는 사람들이 많이 있다.

출산과 양육에 있어서는 엄마의 역할이 기본적이지만, 아이에게는 아빠의 따뜻한 관심도 필요하다. 아이에게는 엄마와 아빠 둘 다 필요하다. 자녀와의 교류와 자녀 훈육이 엄마에게만 맡겨져서는 안 된다. 아빠도 아이의 행복에 대해 엄마만큼 관심을 기울여야 한다.

많은 그리스도인 아빠들이 이 점에서 중대한 실수를 범하고 있다. 남편과 아내는 한 팀의 구성원이며, 각자 팀원으로서의 역할을 잘 감당해야 한다.

오늘날 도시 사회에서 50퍼센트 이상의 아내들이 집 밖에서 풀타임으로 일한다. 자녀가 태어나기 전에는 남편과 아내가 책임을 공평하게 나누는 일이 비교적 쉽다. 각자의 관심사와 전문성을 고려하여 누가 무엇을 할지 의논하고, 서로를 도우려 하고, 둘 사이에 자연스럽게 사랑이 흐른다.

그러나 자녀가 생기면 전혀 새로운 상황에 직면하게 된다. 무엇보다도 아이들은 많은 관심을 필요로 한다. 자고 있는 시간 외에는 줄곧 보살핌을 받아야 한다. 아이의 성장 단계마다 부모가 책임져야 하는 양육의 영역들도 추가된다.

새로 추가되는 이 모든 책임들을 조화롭게 분담하려면 어떻게 해야 할까? 부부 두 사람이 생활할 때처럼 간단한 문제가 아니다. 자녀로 인해 완전히 새로운 책임이 생겨난다. 부부가 한 팀으로서 건강한 결혼 생활을 유지하고, 좋은 부모의 역할을 잘 감당할 수 있도록 철저한 계획을 세워야 한다.

균형 찾기

최근에 나는 존과 앨런 부부와 함께 시간을 보냈다. 존은 의사이고 앨런은 간호사로 30대 초반에 세 자녀를 두었다. 그리고 앨런은 첫 아이가 생긴 이후부터 파트타임으로 일한다.

나는 그 부부에게 물었다.

"두 분은 양육과 가사에서 어떻게 역할을 분담했나요?"

그러자 존은 미소를 지으며 대답했다.

"때로는 우리 부부의 직업이 그다지 좋지 않다는 생각이 들어요."

앨런도 동의하며 덧붙였다.

"아이가 하나일 때보다는 지금이 훨씬 나아요. 첫 아이가 우리의 생활을 너무나 극적으로 바꿔 놓았어요. 믿기 힘들 정도로요. 아기가 태어난 지 석 달이 되었을 때 풀타임으로 일하러 가고 싶었지만 아침마다 아기를 남겨두고 가는 게 심적으로 힘들더라고요. 그래서 파트타임 일을 하기로 존과 합의했답니다. 아이들이 학교에 들어가기 전에는 외출할 때마다 누군가에게 아이들을 맡겨야 했죠. 이제는 아이들이 모두 학교에 다니기 때문에 저는 아이들이 오후에 귀가하기 전까지 제 일을 할 수 있어요. 존도 여러 모로 집안일을 도와줘서 큰 도움이 된답니다."

그러자 존이 거들었다.

"제가 빨래와 화장실 청소를 하게 되리라고는 생각도 못했어요. 하지만 그 일들을 하고 나면 큰 성취감을 느낄 수 있습니다. 앨런도 저를 고맙게 여기고요."

"남편이 간단한 요리를 할 때도 있답니다." 라고 앨런이 말했다.

이어서 존이 맞장구를 치며 말했다.

"햄버거와 핫도그를 잘 만들죠! 지난번에는 마카로니를 시도했는데 꽤 괜찮았어요."

그리고 잠시 후 존은 다음과 같이 말했다.

"우리가 해야 할 가장 중요한 것 중의 하나는 서로를 위한 시간을 갖는 겁니다. 우리는 아이들과 함께하는 시간을 많이 갖기 원하고, 지금까지 대체로 잘해오고 있다고 생각해요. 하지만 때때로 우리 둘만의 시간이 충분하지 못하다는 생각이 들어요. 정말 힘들게 결심해야 하는 경우도 있습니다. 예를 들면, 저희 둘만의 시간을 갖기 위해서 지난 주말 저는 어느 의료 모임에 불참했어요. 그래서 가까운 친척들이 와서 아이들을 돌봐주었죠. 사흘 동안 둘만의 시간을 가졌는데 정말 좋았답니다."

한 팀으로서 협력하기

내가 보기에 존과 앨런은 한 팀으로서 협력할 비전을 지닌 것이 분명해 보인다. 끊임없이 넘어야 할 산들이 생겼지만, 그들은 자녀들을 세심하게 보살피고 건강한 결혼생활을 유지하기 위해 누구보다도 최선을 다했다.

한 팀으로서 남편과 아내는 각자의 역할을 정하는 데 협력해야 한다. 그럴 때 두 사람의 연합을 위한 하나님의 목적을 실현할 수 있다.

그 특정한 역할은 가족에 따라 다르며 같은 가족 내에서도 때에 따라 변할 수 있지만, 부부가 서로 동의할 수 있는 것이어야 한다.

서로 다른 역할을 받아들이는 것은 하나됨을 파괴하는 것이 아니라, 오히려 하나됨을 증진시킨다. 남편과 아내로서 부부는 공동의 목표를 향해 함께 걸어가야 한다.

부부가 서로의 책임을 정할 때 각자의 은사와 재능을 고려해야 한다.

영역별로 둘 중 어느 한 사람이 더 적임자일 수 있다. 같은 팀원이라면 가장 적임자가 나서는 것이 당연하다.

나는 식료품을 제대로 구입할 줄을 모른다. 그것은 아내가 훨씬 더 잘하는 일이다. 그러나 남편이 그 일을 더 잘하는 부부들도 있다.

한 배우자에게 어떤 책임이 맡겨졌다고 다른 배우자가 그 일에서 손을 떼라는 것이 아니다.

남편이 목요일마다 청소기를 돌리기로 했다고 하자. 이 경우에 아내가 절대로 돕지 말라는 것이 아니다.

'사랑'은 도와주기 원하는 것이다.

그 책임을 받아들인다는 것은 아내가 도와주지 않더라도 남편의 마음이 상하지 않음을 뜻하는 것이다. 그는 자신의 의무를 아내가 대신 해주기를 기대하지 않는다. 만일 아내가 도와준다면 그것을 사랑의 행동으로 받아들인다.

Point

성경은 누가 무슨 일을 할 것인지에 대해 구체적인 지침을 제시하지 않는다. 하지만 그 결정에 동의하도록 우리를 격려한다.

아모스는 "두 사람이 의합지 못하고야 어찌 동행하겠으며"(암 3:3)라고 말했다. 서로의 책임에 대해 합의하는 것은 그리 복잡한 일이 아니다. 그러나 이 일을 간과하면 마치 화산의 용암처럼 문제들이 터져나올 수 있다.

THE MARRIAGE YOU'VE ALWAYS WANTED

부부행복 실천연습 5

1. 남편과 아내 중에서 경제적 부양의 기본적인 책임은 누구에게 있는가? 현재의 합의 내용에 만족하는가? 만일 만족하지 않는다면 당신이 바라는 변화를 간략히 적어보라.

2. 배우자와 의논하지 말고, 당신이 맡아야 한다고 생각하는 집안일들을 적어 보라. 배우자가 해야 할 일이라고 생각하는 항목들도 별도로 적으라. 가급적 구체적으로 적으라.

3. 배우자로 하여금 본 장을 읽게 하고 위의 1번과 2번을 작성하게 하라.

4. 서로 합의한 시간에 적은 내용을 서로에게 보여 주라. 당신은 다음의 사실을 발견할 수 있을 것이다.

a. 당신의 역할에 전적으로 공감한다.
b. 당신이 공감하지 않는 항목이 있다(누가 맡아야 하는 일인지 혼란스러운 것도 있다).
c. 당신은 거의 동의하지 않는다. 이것은 부부간의 갈등을 유발한다.

5. 어떤 사실을 발견하든 당신의 역할을 평가하고 논의하는 근거로 활용하라. 당신의 배우자에게 더 적합한 일이 있는가? 배우자가 그것을 자신이 해야 할 역할로 기꺼이 받아들이는가? 배우자로 하여금 한 달 동안 그 일을 하게 해보라.

6. 서로가 맡은 일이 철저히 분리되는 것으로 여기지 말라. 갈등이 일어난다면 의논하고 평가할 때다.

6
의사 결정
"남자가 여자의 머리라고?"

"대학원에 들어가서 공부를 더 해볼까?"

"이사를 해야 할까?"

"바로 자녀를 가져야 할까?"

"차를 살까, 아니면 좀 더 저금할까?"

결혼생활에서 우리가 내려야 하는 결정들은 끝이 없다. 그리고 이렇게 의사를 결정하는 과정에는 서로의 동의가 중요하다.

한 아내가 회상하며 말했다.

"남편이 50달러에 테이블을 사들고 집에 들어왔을 때 저희 부부는 결혼한 후 처음으로 말다툼을 했어요. 저는 무시당하는 기분이 들었어요. 저도 그 테이블이 좋기는 했지만, 남편은 학교에 다니고 있었고 저

혼자 일해서 돈을 벌었기 때문에 절약해야 했죠. 그날부터 저희는 50달러 이상의 물건을 구입할 때는 함께 의논하기로 약속했답니다. 지금까지 그 약속을 지켜오고 있어요."

앞에서 보았듯이, 결혼 전에는 의사소통에 어려움을 느끼지 못했던 많은 부부들이 결혼 후에는 꽉 막히는 경험을 한다. 이 변화의 근본 이유는 결혼 전에는 아무런 결정도 내릴 필요가 없기 때문이다. 두 사람은 어떤 문제든 자유롭게 대화하다 헤어졌고, 각자 자신이 원하는 것을 선택하면 그만이었다. 그러나 결혼 후에는 각자의 생활에 영향을 미칠 결정들을 내려야 한다. 그 결정에 동의하기 힘들 때는 의사소통이 중단되고 둘 사이에 분리의 벽이 쌓이기 시작한다.

사회학자와 가족 상담가들은 결혼생활에서 직면하는 가장 큰 문제 중 하나가 의사 결정 과정이라고 말한다. 많은 젊은 부부들의 마음속에는 민주주의적으로 해야겠다는 마음이 자리 잡고 있지만, 둘뿐일 때는 종종 민주주의가 무의미해진다. 사실 요즘은 남편이 '몽둥이'로 다스리고 아내는 파트너라기보다 아이의 엄마 역할에 충실한 독재 제도에, 아니면 엄마가 모든 것을 조종하고 남편은 기껏 맡은 역할에 충실할 뿐인 모계제에 집착하는 사람이 거의 없다.

그러면 우리는 어떻게 해야 할까? 결정을 어떻게 내리면 될까?

이제 막 결혼한 대부분의 부부들은 자연스럽게 결정이 내려질 것이라고 생각한다. 별 문제가 없을 것으로 짐작한다.

하지만 그 환상은 곧 깨진다. 한 아내는 "저는 저희가 서로 언쟁할 거라는 생각을 해본 적이 없어요. 결혼 전에는 너무 잘 통했거든요."라고 말했다.

그렇다면 성경에서는 어떤 도움을 제시하는가? 결정을 내리기 위한 최선의 방법은 무엇일까? 동등한 위치에 있는 사람들 간의 결정 방식을 보여주는 최선의 본보기는 바로 하나님이다.

그리스도의 머리는 하나님

앞에서 보았듯이 하나님은 자신을 삼위일체로 나타내셨다. 삼위일체의 하나님은 많은 결정을 내리셨고, 그중에는 성경에 기록된 것들도 있다. 태초에 "우리의 형상을 따라" 사람을 만드신 사실부터(창 1:26) 삼위일체 하나님의 초청을 기록한 요한계시록 22장에 이르기까지 하나님은 수많은 일을 결정하신다. 이 결정들은 어떻게 내려졌을까?

우리의 정보는 제한적이지만 마태복음 26장 36-46절에는 성자와 성부께서 서로 의사소통하시는 내용이 기록되어 있다.

예수님은 십자가 고난을 앞두고 자연히 신체적, 정서적 압박을 느끼고 계셨다. 39절에서 그분은 "내 아버지여 만일 할 만하시거든 이 잔을 내게서 지나가게 하옵소서."라고 아버지께 자신의 감정과 생각을 표현하신다.

이는 기도 내용 전체가 아니라 그 핵심 주제만 수록한 것이다. 아무런 가식이나 숨김 없이 아버지 앞에 솔직한 심정을 토로하셨다. 세 번에 걸쳐 기도를 반복하면서 끝에는 "그러나 나의 원대로 마옵시고 아버지의 원대로 하옵소서"라고 마무리하셨다(39, 42, 44절).

이것은 숙명론일까?

전혀 그렇지 않다. 예수님은 아버지를 인도자로 생각하셨을 뿐이다. '십자가 고난'이라는 결정은 영원 전에 내려졌다. 그분은 다만 시간과 공간 속에서 십자가에 직면하여 인간으로서의 고뇌를 아버지께 토로하셨을 뿐이다.

이 관계를 한층 더 분명하게 설명해주는 구절이 있다. 고린도전서 11장 3절에서 바울은 "각 남자의 머리는 그리스도요 여자의 머리는 남자요 그리스도의 머리는 하나님"이라고 말한다. 많은 사람이 "그리스도의 머리는 하나님"이라는 구절을 간과한다. 여기서 하나님은 성부 하나님을 가리킨다.

누군가 "성부와 성자는 동등하다."라고 말할지도 모르겠다. 당연히 동등하시다.

하지만 신성의 완벽한 연합 속에 질서가 있으며, 성부 하나님이 리더로서 계시되신다. 이 신성한 본보기의 특성, 즉 성부와 성자가 어떤 관계이신지를 어느 정도 이해할 수 있다면, '남자가 여자의 머리'라는 것이 무슨 뜻인지를 더 잘 이해하게 될 것이다.

남자가 여자의 머리?

성부께서 성자보다 더 존귀하실까? 남자가 여자보다 더 귀할까? 성부가 성자보다 더 지성적이실까? 남자가 여자보다 더 지성적일까? 이 질문들에 대한 답은 "그렇지 않다."이다. 성자와 성부는 모든 면에서 동등하시다. 그러나 동등이 아무런 구별도 없음을 뜻하지는 않는다. 십자가에서 돌아가신 이는 성부가 아니라 성자이시다.

남자와 여자가 동등하게 존귀할까? 분명 그렇다. 이 문제에 관한 성경적 입장에 대해서는 의문의 여지가 없다. 남자와 여자 모두가 하나님의 형상으로 지음받았고 모두 존귀하다. 그렇다고 해서 동등함이 똑같음을 의미할까? 아니다. 차이가 있지만 그 차이는 부족을 의미하지 않는다. 하나님이 남자를 여자의 머리로 지칭하신 것은 동등한 이들 간의 질서를 세우기 위함이다. 이 관계의 본보기는 바로 하나님이다.

성부께서는 성자의 뜻에 반하는 어떤 일을 성자께 강요하시지 않았다. 이 본보기를 따르는 남편이 아내가 원하지 않는 어떤 일을 강요할 수 있겠는가? 머리됨은 독재를 뜻하는 것이 아니다. 성자께서는 성부께 묻지 않고 독자적으로 일을 처리하시지 않았다. 이 본보기를 따르는 아내가 남편에게 묻지 않고 독자적으로 일을 처리하는 게 옳은 일일까?

하나님은 완벽하시지만 우리는 불완전하다. 즉 우리는 자신이 항상 옳다고 여기는 일을 행하는 것은 아니다. 남편이 '가정의 머리'라는 개념은 아마 가장 많이 악용되어 온 성경 개념일 것이다. 억지로 가득한 그리스도인 남편들은 성경의 권위를 빙자하여 아내에게 온갖 어리석은 요구들을 늘어놓는다. 머리됨이란 남편이 모든 결정을 하고 아내에게 통보만 하는 권리를 지니는 것이 아니다. 성부 하나님과 성자 하나님의 본보기를 진지하게 생각해본다면 그렇게 생각할 수 없다.

하나됨을 추구하라

의사 결정을 위한 성경적인 본보기는 무엇일까? 십자가에 달리시기 직전에 겟세마네에서 예수님이 성부 하나님과 나누셨던 대화를 살펴보자.

> "내 아버지여 만일 할 만하시거든 이 잔을 내게서 지나가게 하옵소서 그러나 나의 원대로 마옵시고 아버지의 원대로 하옵소서"(마 26:39).

이 말씀은 아내가 남편에게 의논할 때 본보기로 삼으면 되겠다. 의사 결정의 목표는 언제나 하나됨이다. 삼위일체 하나님은 모든 결정에 있어서의 완벽한 연합을 아신다. 불완전한 존재인 우리가 항상 이상에 도달할 수는 없지만, 언제나 그 이상을 목표로 삼아야 한다.

각자 자신의 생각을 충분히 주장했으나 합의점에 도달하지 못할 때는 어떻게 해야 할까? 결정을 미룰 수 있다면 미루고 기다리는 것이 좋다(대부분의 결정은 미뤄질 수 있다). 기다리는 동안 당신과 배우자는 상황에 합당한 새로운 정보를 찾으며 기도해야 한다. 한 주 후에 다시 의논해 보라.

얼마나 기다려야 할까? 가능한 한 오랫동안 기다리라. 서로의 동의 없이 남편이 결정을 내려야 하는 때는 '오늘' 당장 결정해야 하는 극히 드문 경우뿐이다. 대부분의 결정은 연기할 수 있다. 일치하는 것이 서두르는 것보다 더 중요하다. "하지만 오늘 그걸 사지 않으면 안 돼요. 바겐세일이 오늘 끝나거든요."라고 말하는 이들도 있다. 그러나 배우자와의 연합을 망가뜨리는 할인 구매는 별 의미가 없다.

'오늘' 결정해야 하고 부부간의 합의가 아직 이루어지지 않은 경우에는 남편에게 최선의 판단과 결정을 내릴 책임이 있다. 또한 그는 그 결정에 온전히 책임져야 한다.

이 경우 아내가 순종 여부를 놓고 갈등을 느낄 수 있지만, 어쩔 수 없는 상황에서 결정을 내리는 책임 있는 남편에 대해 안전감도 느껴야 한다. 그런 결정에서 아내는 남편의 선택에 책임감을 느낄 필요가 없다. 아울러 남편이 내리는 결정이 실패하도록 훼방해서도 안 된다.

시간이 지나서 그 결정의 미흡함이 드러날 때 아내는 이렇게 말하면 안 된다. "내가 그렇다고 말했잖아요. 당신이 내 말을 들었다면 이런 일은 일어나지 않았을 거예요." 남자가 의기소침해지면 굳이 그를 짓밟지 않아도 된다. 그에게 필요한 것은 배우자가 함께한다는, 그리고 일이 잘 풀려나갈 것이라는 부드러운 격려와 확신이다. 지혜로운 아내는 이렇게 말한다. "실수했지만 우리가 함께하면 잘될 거예요."

성부 하나님이 언제나 성자 하나님의 유익을 구하시듯, 남편은 아내의 유익을 구해야 한다. 이런 마음을 지닌 남편은 결코 일부러 해로운 결정을 내리지 않을 것이다. 도리어 자신의 결정이 아내에게 어떤 영향을 미칠지 스스로 물으며 둘의 관계는 물론이고 아내의 삶을 증진시킬 결정을 모색할 것이다.

조시는 의사 결정에 있어서 아내를 배려하는 법을 배운 남편이었다. 워싱턴 DC에서의 한 결혼세미나의 휴식 시간에 그가 이렇게 말했다. "제가 살면서 가장 힘들게 내린 결정이기도 하지만 가장 잘 결정했다고 여긴 일에 대해 말씀드리고 싶어요. 15년 동안 군대 생활을 하던 중 사업을 시작하고 싶다는 마음이 들었어요. 아내에게 그 얘기를 털어놓았더니 아내는 사업을 시작하면 우리의 생활이 어떻게 변할지에 대해 충분히 생각해 볼 것을 부탁했어요.

저는 비슷한 사업을 하고 있는 어떤 사람과 얘기하면서 하루를 보냈어요. 그가 사업 초기에 아내를 거의 잃다시피 했다는 걸 알게 되었지요. 시간과 에너지를 온통 사업에 쏟아부어야 했기 때문이에요. 저는 아내에게 헌신적인 사람이기 때문에 그런 일이 없을 거라고 생각했어요.

이 모든 일을 아내와 의논했고, 시일이 지나면서 아내는 더 이상 군인 생활을 하지 않는 것에 대해 점점 불안해했어요. 은퇴까지는 5년이 더 남아 있었고, 아내는 군인 생활을 진심으로 좋아했답니다. 아이들도 그랬죠. 대화를 하면 할수록 저는 이 시점에 군대를 떠나는 건 지혜로운 결정이 아님을 깨닫기 시작했어요. 하지만 사업을 시작하고 싶은 마음이 너무나 간절했죠. 기도하고 또 기도했지만 하나님의 응답을 받을 길이 없다는 생각이 들었습니다.

그러던 어느 날, 어느 목사님의 설교를 들었어요. '하나님이 우리에게 아내를 주신 것은 안내자 역할을 하도록 하시기 위함입니다.' 그 말이 하나님의 음성처럼 들렸어요. 저는 아내가 제게 진정한 지혜를 보여주고 있다는 것과 저를 다른 방향으로 이끌고 있는 건 제 이기적인 야망임을 깨달았습니다. 그래서 저는 군대에 계속 머물기로 결심했죠.

저는 그것이 제가 내린 결정 중 가장 잘한 결정이라고 확신해요. 저는 7년 전에 20년 군 생활을 채우고도 계속 근무하기로 결심했어요. 그래서 지금 저는 27년째 군대에 있고, 이제 30년을 채울 계획입니다. 하나님은 저희에게 군인부부를 위한 사역을 맡기셨어요. 저희는 결혼생활이라는 게 때로는 심한 스트레스를 안겨준다는 걸 알고 있어서, 결혼생활을 잘 유지하도록 군인부부들을 열정적으로 돕고 있답니다. 제가 사업을 시작했더라면 이 사역을 맡지 못했겠죠? 아내를 통해 저를 인도해주신 하나님께 매일 감사드립니다."

조시는 둘이 하나보다 더 낫다는, 그리고 하나님이 배우자를 통해 지혜를 주신다는 성경적인 원리를 발견했다.

어떤 사람들은 '남편이 의사 결정의 리더여야 한다'는 개념을 거부할 것이다. 하지만 그 리더십의 성경적인 본보기를 이해하면 타당해 보일 것이다. 가정에서 남성의 리더십은 우월성과 무관하다. 동등함 가운데서의 질서에 관한 것이다. 배우자 중 한 사람을 리더로 인식하지 않으면 부부는 아무것도 결정하지 못하고 기다리기만 하는 상태에 빠질 것이며, 위기가 닥칠 때 무기력해질 것이다. 우리는 모든 결정을 내릴 때 일치를 추구해야 한다. 적절한 태도로 임한다면 95퍼센트는 그렇게 될 것이다. 그러나 일치되지 않는다면 누군가가 결단의 책임을 맡아야만 한다.

부부들은 자신들이 한 팀임을 상기해야 한다. 부부들 중에는 서로 알력을 보이며 자신의 생각만 내세우는 경우가 너무 많다. 이보다 어리석은 일은 없다. 모든 노력을 다해 당신의 생각을 주장하라. 하지만 최선의 결정에 이르도록 그 생각을 활용하라. 내 생각 대 네 생각이 아니라, 우리의 생각 대 우리의 결정이다. "우리는 느낀다. 생각한다. 그리고 결정한다." 이것이 일치의 자세다.

다시 말하지만 "남편이 아내의 머리됨"(엡 5:23)이라는 성경말씀을 곡해하지 말자. 이 말씀은 남편이 아내보다 더 지적이라는 뜻이 아니다. 머리됨은 지능과 무관하다. 성부 하나님과 성자 하나님은 지혜에 있어

똑같이 무한하시지만, 성부가 성자의 '머리'이시다.

일반적으로 말해서, 남자와 여자 둘 다 높은 지능을 지닌 피조물들이다.

'복종'의 참의미

"남편이 아내의 머리"라는 말은 남자가 여자보다 더 귀하다는 뜻이 아니다. 남자와 여자 모두 하나님의 형상으로 지음받았고 그래서 무한한 가치를 지닌다.

구약성경에는 남자를 여자보다 더 귀하게 여기는 유대 문화가 기록되어 있다.

그러나 유대 문화 체계가 곧 하나님의 체계인 것은 아니다. 하늘의 천사들이 여자의 회심 때보다 남자의 회심 때 더 기뻐하지 않는다. 그리스도 안에서 남자나 여자 모두 하나다(갈 3:28).

"남편이 아내의 머리"라는 말은 남편이 독재자로서 독자적으로 내린 결정을 아내에게 통보한다는 뜻이 아니다. 성부 하나님과 성자 하나님 간에 그런 모습은 보이지 않는다.

성부 하나님께서 독자적인 결정을 내리신 후에 성자 하나님께 통보하신다는 것은 생각할 수 없는 일이다. "우리 하나님 여호와는 오직 하나인 여호와"시다(신 6:4). 모든 결정에는 온전하고 완벽한 의사소통과

절대적인 일치가 있다.

많은 그리스도인 독재자들이 터무니없는 책임의 짐을 떠맡아 스스로 병폐를 키운다. 하나님은 남편 혼자서 모든 결정을 내리게 할 의도가 없으셨다. 아내가 돕는 배필로 지음받았음을 기억하라. 의논하지도 않는 남편을 아내가 어떻게 도울 수 있겠는가? 우리 시대에 가장 필요한 것은 독재자가 아니라 그리스도인 리더들이다!

많은 아내들이 "에베소서 5장 22절을 보세요."라는 목사의 말을 들을 때 진저리친다.

"아내들이여 자기 남편에게 복종하기를 주께 하듯 하라"

아내들은 '목사님이 제 남편을 몰라서 그래요.'라고 생각한다. 그러나 하나님은 이런 생각에 대해 "너는 복종을 이해하지 못하는구나."라고 말씀하신다.

여기서 복종은 아내만의 몫이라는 뜻이 아니다. 바로 앞 절에서는 "그리스도를 경외함으로 피차 복종하라"(21절)고 당부한다.

복종은 서로간의 행위다. 남편이든 아내든 자신의 방식을 고집하면서 성공적인 결혼생활을 할 수 없다. "그리스도께서 교회를 사랑"하심 같이(엡 5:25) 남편이 아내를 사랑해야 하는 것도 바로 그 때문이다. 여기서 '사랑'으로 번역된 단어는 상대방의 유익을 구하는 자기희생적인 사랑을 가리킨다.

예를 들어, 남편은 개인적으로 원하지 않지만 더 나은 결혼생활을 위해 어떤 파티에 참석할 수 있다.

마찬가지로 아내는 자신이 잘 이해하지 못하지만 남편의 기쁨을 함께 나누기 위해 미식축구 경기를 관람하러 갈 수 있다. 복종은 자신의 방식을 고집하는 것과 정반대며 남편과 아내 모두에게 요구되는 것이다.

또한 복종은 아내가 자신의 생각을 주장할 수 없다는 뜻도 아니다. 만일 아내가 자신의 생각을 표현하는 것이 허락되지 않는다면 왜 하나님께서 아내들에게 생각할 수 있는 능력을 주셨겠는가? 아내는 조력자다. 아내가 자신의 지혜를 나누려 하지 않는다면 어떻게 남편을 도울 수 있겠는가?

"하지만 제 남편은 제 생각을 들으려 하지 않아요." 이것은 당신의 문제가 아니라 남편의 문제다. 침묵은 결코 연합으로 이끄는 길이 아니다. 하나님이 당신에게 맡겨주신 책임이 있다. 건설적인 조력자가 되려고 노력하라!

끝으로, 복종은 아무런 결정도 하지 않는 것이 아니다. 여기서 주로 말한 것은 가정에서의 주요 의사 결정에 대한 내용이다. 그 기본적인 유형은 남편의 리더십 안에서 하나됨을 고려한 서로간의 의사 표현이다. 그러나 보통의 가정에서는 부부의 동의 하에 아내가 결정하는 일들이 많을 것이다.

차이점을 통해 일치점 찾기

데이비드와 브렌다가 이 의사 결정 유형의 좋은 본보기를 제시한다. 브렌다는 대학에서 언론학을 전공했다. 그녀는 독서를 열심히 했고, 대학 시절부터 매일 일기를 썼다. 그녀는 첫 아이가 태어나기 전까지 지역 신문사에서 일했고, 출산 후에도 가끔씩 기사를 썼다. 그러다 결국 집에서 엄마 역할에 충실하기로 결심했다. 데이비드는 광고대행사에 근무했다. 그는 매우 창의적이며 조직 생활과는 거리가 멀었다.

두 사람은 결혼 후 의견 충돌이 잦았고, 그 의견 충돌은 대개 말다툼으로 끝났다. 그러던 어느 날, 데이비드는 교회에서 영적인 은사에 관한 설교를 들었다. 하나님이 각 그리스도인에게 특별한 재능을 주셨고, 각 사람으로 하여금 공동체를 위해 그 은사들을 사용하게 하는 것이 그분의 계획이라는 내용이었다. 그 목사는 지역교회의 정황 속에서의 은사 활용에 대해 말했지만, 데이비드는 그 개념을 자신의 결혼생활에 적용시켰다.

"브렌다가 잘하는 일과 제가 잘하는 일이 따로 있다는 사실은 제게 큰 발견이었어요. 하나님이 저희를 효과적인 팀으로서 함께 협력하게 하셨다는 사실도 그랬고요. 과거에 저는 저희 각자의 힘을 활용하기보다 모든 것을 좌지우지하려 했습니다. 일요일 오후, 브렌다와 저는 이에 대해 의논하고 중요한 결정을 내렸어요. 어떤 부분에서는 아내가 모든 결정을 내리고, 필요할 때만 제 조언을 부탁하기로 합의했죠. 그리고 제가 결정할 부분들도 정했어요. 저희는 서로에게 질문하되 상대방의 결정을 신뢰할 것도 약속했습니다. 이렇게 하기를 너무 잘했다는 생각이 들어요. 저희 자신을 파트너로 여겼더니 둘 사이에 있던 긴장감이 사라졌고, 각자의 힘을 활용해서 튼튼한 결혼생활을 함께 세워갈 수 있었습니다."

많은 부부가 이런 의사 결정 유형을 실천해왔다. 이것은 각자의 차이점을 최대한 활용하며 하나됨을 강조한다.

어떤 남편은 이렇게 말한다.

"신혼 초에 저희는 제가 중요한 결정을 맡고, 아내는 일상적인 일에 관한 결정을 맡기로 합의했어요. 하지만 결혼한 지 25년이 되도록 특별히 중요한 결정이라 할 만한 것은 없었어요."

부부가 세세한 모든 일에 함께 신경을 쓰는 것은 시간 낭비가 된다. 아내가 책임지고 재량껏 결정을 내릴 영역들에 대해 서로 합의하는 것이 지혜롭다(물론 아내는 필요할 때 남편의 조언을 부탁해야 한다). 아내가 책임져야 하는 영역은 가족에 따라 다르며 음식, 옷, 집안 장식, 자동차, 자녀 교육 및 양육 등이 포함된다.

경건한 여성을 묘사하는 잠언 31장 1-31절은 아내에게 맡겨진 광범위한 의사 결정 영역을 보여준다. 아마도 그녀는 자신의 능력이 쓰이지 않는다는 느낌을 전혀 갖지 않을 것이다.

지혜롭고 성숙한 부부는 아내가 기꺼이 맡으려 하는 책임을 모두 그녀에게 맡길 것이다. 굳건한 자존감을 지닌 남편은 아내의 노력에 경쟁의식을 느끼지 않는다. 하나님으로부터 받은 자아 가치를 인식하는 아내는 굳이 자신의 가치를 누구에게 입증하려 하지 않는다. 한 팀으로서 협력하며 각자 상대방의 잠재 능력을 최대한 발휘하도록 격려하는 부부는 둘 다 만족스러운 보상을 얻을 것이다.

Point

부부가 의사 결정을 내리는 방식에 대해 미리 합의하면 많은 다툼을 피할 수 있다. 내가 제시하는 성경적인 본보기는 서로 자신의 생각과 감정을 충분히 표현하며, 일치된 견해에 도달하려고 노력하는 것이다. 둘 다 동의하는 것이 최선의 결정이다.

그런 합의에 도달하지 못할 때는 기다리면서 더 나은 방법을 모색하라. 그 문제를 나중에 다시 논의하고 일치를 추구하라. 일치에 도달하지 못한 상태에서 곧바로 결정을 내려야 한다면 남편이 책임지고 결정해야 한다. 그리고 아내는 그 결정에 동의하지 않더라도 남편의 리더십을 인정하고 기꺼이 협력해야 한다. 이 같은 태도는 마침내 하나된 마음을 가져다줄 것이며 그 어떤 일보다도 중요하다.

THE MARRIAGE YOU'VE ALWAYS WANTED

부부행복 실천연습 6

1. 다음 질문에 한 문장으로 답하라. 당신의 가정에서는 어떤 방식으로 의사 결정을 하는가? (그 과정을 가능한 한 정확하게 묘사하라)

2. 본 장에서 논의된 의사 결정 방식을 따르기로 결심한다면 어떤 변화가 필요하겠는가? 그것을 구체적으로 적어보라.

3. 본 장을 읽은 후 배우자에게도 위의 두 질문에 대한 답을 부탁하라.

4. 부부가 이 과제를 완료했을 때 의사 결정의 개선 방안에 대해 논의할 시간을 정하라. 그 논의에 다음의 질문이 도움을 줄 것이다.

a. 부부간에 의사 결정이 일치해야 한다는 목표에 동의하는가?
b. 의사 결정이 일치되는 데 어려움을 주는 가장 일반적인 문제는 무엇인가?
c. 이 문제를 극복하기 위해서는 어떤 변화가 필요한가?
d. 일치점을 찾지 못한 상태에서 '오늘' 결정해야 하는 경우, 누가 결정할 것인지에 대해 합의했는가?

5. 빌립보서 2장 2-4절을 읽으라. 이 구절은 가정에서의 의사 결정에 관해 어떤 지침을 주는가?

"마음을 같이하여 같은 사랑을 가지고 뜻을 합하며 한마음을 품어 아무 일에든지 다툼이나 허영으로 하지 말고 오직 겸손한 마음으로 각각 자기보다 남을 낫게 여기고 각각 자기 일을 돌아볼 뿐더러 또한 각각 다른 사람들의 일을 돌아보아"

7
부부 관계
"성생활에 노력이 필요하다?"

신부와 신랑이 결혼에 대해 갖는 꿈과 소망이 여러 가지가 있지만, 그중 가장 뚜렷한 꿈 중 하나는 아마도 성적인 결합일 것이다.

영화들은 성관계를 너무 쉬워 보이게 만드는 경향이 있다. 그래서 많은 사람이 성적인 기대를 잔뜩 가지고 결혼한다. 하지만 그런 꿈이 깨지고 소망이 실현되지 않는 경우가 부지기수다.

교양과 학식을 갖춘 부부들이 이 중요한 영역에서 만족을 얻지 못하는 이유는 무엇일까? 비현실적인 기대 때문이라는 것이 부분적인 답이 될 수 있겠다.

우리 사회는 부정직한 면을 많이 보여준다. 영화와 잡지, 소설들은 두 사람의 몸이 합쳐질 때 성적인 스릴과 만족이 자동적으로 뒤따르는 것처럼 묘사한다. 성적인 만족을 위해서는 서로 합의하는 두 사람만 있으면 되는 것 같다.

그러나 사실은 다르다. 성관계는 그보다 훨씬 더 복잡하고 대단하다. 성관계의 만족이 '자연스럽게' 따를 것이라는 잘못된 생각으로 결혼할 때 실망으로 향하기 마련이다.

배우자 상호간에 건전한 성적 만족을 느끼는 성적 하나됨은 자동적으로 이루어지는 것이 아니다. 그것은 앞에서 논의된 지적 하나됨이나 사회적 하나됨을 얻기 위한 것과 같은 정도의 헌신과 노력을 필요로 한다.

사람들은 이렇게 말하곤 한다.

"성생활에 노력이 필요하다는 말인가요? 저는 그 만족이 자연스럽게 주어지는 거라고만 생각했어요."

그러면 나는 "성적인 연합에 가장 큰 장벽이 바로 그러한 오해입니다."라고 대답할 것이다.

결혼의 성적인 면이 힘들고 보람도 없다는 뜻이 아니다. 이 영역에 시간과 노력을 투자하는 만큼 몇 갑절 이상의 보상이 있을 거라는 말이다.

이 영역에서 성숙해지는 부부들은 "둘이 한 몸을 이룰지로다"(창 2:24)라고 말씀하신 하나님을 기쁘시게 할 것이다.

성적인 연합에 이르지 못한 이들은 결혼의 온전한 기쁨을 결코 알지 못할 것이다. 배우자 쌍방이 깊은 만족감을 느끼는 단계로 나아가야 한다. 그렇다면 이러한 연합으로 이끄는 지침은 무엇일까?

성적 연합의 장벽

성적 연합을 가로막는 장벽 중 하나는 일반적으로는 '성에 대한 부정적인 태도', 그리고 특별하게는 '성관계에 대한 부정적인 태도'다. 이런 태도는 부모의 악영향, 왜곡된 성교육, 어린 시절의 불운한 성경험, 또는 실망과 죄책감을 유발했던 십대 때의 성관계가 원인이 될 수 있다.

그러나 이러한 원인들은 상대적으로 덜 중요하다. 정말 중요한 것은 우리가 자신의 태도를 통제할 수 있다는 사실을 이해하는 것이다. 즉 우리는 스스로의 부정적인 감정에 영원히 종노릇할 필요가 없다.

이 부정적인 태도를 극복하는 첫 번째 단계는 '진실을 접하는 것'이다. 예수님은 다음과 같이 말씀하셨다.

"너희가 내 말에 거하면…… 진리를 알지니 진리가 너희를 자유케 하리라" (요 8:31-32).

그렇다면 성에 관한 진실은 무엇인가?

그것은 '성이 하나님의 생각에서 비롯되었다'는 것이다. 앞에서 논의했듯이 우리를 남자와 여자로 지으신 이는 바로 하나님이다. 인간이 성을 남용해왔지만, 성을 고안해내지는 않았다. 죄와는 전적으로 무관한 거룩하신 하나님이 우리를 성적인 존재로 지으셨다. 따라서 성은 건전하고 선하다.

우리의 남성다움과 여성다움은 올바른 개념이다. 성기는 전혀 추한 것이 아니다. 하나님의 의도에 따라 만들어진 것이다. 하나님은 완벽한 창조주시며 하나님이 지으신 모든 것은 선하다. 사람들이 성을 오용한다고 해서 하나님이 성의 신성함을 철회하시는 것은 아니다. 성은 세상의 트레이드마크가 아니라 '하나님이 마련하신 것'이다.

때로는 교회마저도 이 진실을 왜곡하는 죄를 범한다. 우리는 성의 오용을 비난하면서 성 자체를 죄악시하기도 하는데 그것은 올바른 태도가 아니다.

바울은 "몸은…… 주를 위하며…… 너희 몸은…… 성령의 전"(고전 6:13, 19)이라고 설명했다. 다시 말해 우리의 몸 전체는 선하고 정결하다.

성에 대한 부정적인 태도를 극복하는 두 번째 단계는 '그 진실에 합당한 반응을 보이는 것'이다. 성이 하나님의 선물이며 부부간의 성생활이 하나님의 뜻에 합당하다면, 자신의 왜곡된 감정으로 그분의 뜻을 거부해서는 안 된다.

오히려 하나님과 배우자에 대한 자신의 감정을 솔직하게 시인해야 하며, 그 왜곡된 감정을 따를 필요가 없다는 사실로 인해 하나님께 감사해야 한다. 심지어 성행위 중에도 그런 기도를 드릴 수 있다.

하나님과 교제를 나누며 그분의 뜻을 행할 때 나의 감정과 태도가 변할 것이다. 내가 배우자와의 성관계를 통한 사랑 표현을 거부함으로써 이 부정적인 감정을 심화시킨다면 내 감정을 극복할 수 있는 자유를 행사하지 못하는 셈이다. 적극적인 행동이 적극적인 감정에 선행해야 한다.

과거의 경험 극복하기

현대 사회의 실상 중 하나는 많은 부부가 서로 간에, 또는 다른 파트너와 혼전 성관계를 경험한다는 것이다.

오래도록 복음주의적 논객으로 활동해온 로널드 사이더의 『그리스도인의 양심 선언』(IVP)이라는 책에 의하면, 이것은 세상적인 젊은이들은 물론이고 그리스도인 젊은이들에게도 똑같이 해당하는 사실이다.

인기 있는 복음주의 강연자인 조시 맥도웰은 수십 년 동안 복음주의 젊은이들을 위해 사역해왔다.
몇 년 전 그는 복음주의 젊은이들의 혼전 성관계 사례는 비신앙인들에 비해 불과 10퍼센트 정도 적을 뿐이라고 지적했다.

남침례회연맹의 후원을 받는 '트루 러브 웨이츠'(True Love Waits)라는 프로그램이 있다. 이 프로그램은 젊은이들 사이의 혼전 성행위를 방지하려는 가장 유명한 복음주의적 노력 중 하나다. 1993년부터 약 240만 명의 젊은이들이 결혼 전까지 성관계를 갖지 않을 것을 서약했다. 그들이 과연 그 서약을 잘 지키고 있을까?

2004년 3월에 컬럼비아 대학과 예일 대학을 조사한 결과가 보도되었다. 연구원들은 12,000명의 십대 서약자들을 7년 동안 조사했다. 서글프게도 이 서약자 중 88퍼센트가 혼전 성관계를 가졌고, 약속을 지킨 사람들은 12퍼센트에 불과했다. 또한 성관계를 통한 성병 감염률은 그 서약을 했던 십대들이나 하지 않았던 십대들이나 거의 동일했다.[5]

2001년의 조사에서 바나 그룹은 거듭난 성인들의 혼전 동거율이 일반인들에 비해 약간 낮을 뿐이라고 밝혔다. 그 조사 내용을 요약하여 사이더는 다음과 같이 설명했다.

"우리나라의 성인 중 33퍼센트가 결혼하지 않은 채로 여러 이성과 동거한 경험이 있다. 그중 그리스도인은 25퍼센트로 조사되었다."[6]

사이더는 애크런 대학에 있는 레이 C. 블리스와 응용정치학 연구소

---

[5] Lawrence K. Altman, "Study Finds That Teenage Virginity Pledges Are Rarely Kept," New York Times, 2004년 3월 10일, A20: Ronald J. Sider, "The Scandal of the Evangelical Conscience," Books and Culture, 2005년 1-2월, p. 39; http://www.christianitytoday.com/bc/2005/janfeb/3.8.html에 인용됨.

[6] The Barna Group, *The Barna Update*, "Born Again Adults Less Likely to Co-Habit, Just As Likely to Divorce," 2001년 8월 6일, http://www.barna.org, "The Scandal," 39쪽에 인용됨.

소장인 존 C. 그린의 조사 내용도 소개했다. 정치과학자이자 통계학자인 그린은 전국적으로 몇 가지 조사를 실시했고, 그 과정에서 혼전 성관계와 혼외 성관계에 대한 복음주의자들의 태도를 드러냈다. 그 내용에 의하면, 비전통적 복음주의자들의 46퍼센트가 그것을 도덕적으로 수용할 수 있다고 말하며 전통적 복음주의자들(교회에 꾸준히 출석하며 성경의 권위를 존중하는 자들)의 26퍼센트가 혼전 성관계를 그릇된 것으로 생각하지 않는다고 한다.[7)]

부부는 특히 결혼 초기에 과거의 성경험 문제를 해결해야 한다. 혼전 성경험이 결혼생활에 도움을 준다고 생각하는 사람들도 많다. 그러나 모든 조사 자료들은 정반대의 결과를 보여준다.[8)]

사실 혼전 성경험을 가진 자들은 경험이 없는 자들에 비해 이혼율이 두 배로 높다고 한다. 이전의 성경험은 결혼을 통한 성적 합일에 심리적 장벽으로 작용한다.

그 장벽에 대한 기독교적인 답은, 잘못을 자백하고 과거의 실책을 진심으로 용서하는 것이다. 과거의 상처가 영원히 남을 수도 있지만, 그것이 오히려 하나님의 은혜와 사랑을 상기시킬 수도 있다.

[7)] John C. Green, "Religion and Politics in the 1990s: Confrontations and Coalitions," *Religion and American Politics: The 2000 Election in Context*, Mark Silk 편저(Center for the Study of Religion in Public Life, Trinity College, Hartford, 2000), 26쪽에서; "The Scandal," 39쪽에 인용됨.

[8)] William G. Axinn과 Arland Thorton, "The Relationship Between Cohabitation and Divorce: Selectivity or casual influence?" Demography 29(1992): pp. 357-374; 그리고 Zheng Wu, "Premarital Cohabitation and Postmarital Cohabiting Union Formation," *Journal of Family Issues 16*(1995): 212-232쪽을 보라.

배우자가 결혼 전에 성병에 걸렸을 경우 가장 난감한 상처를 남길 것이다. 대부분의 성병은 치료될 수 있지만 완치되지는 않는다. 이들은 부부가 순응하는 마음으로 함께 져야 할 짐이다. 보다 심각한 문제는 결혼 전에 성병에 걸린 것을 배우자에게 미리 자백하지 않았을 경우다. 이것은 심한 부부갈등의 원천이 되며, 조기 이혼으로 이어지기도 한다.

나는 항상 부부들에게 과거의 경험을 솔직하게 말하라고 권한다. 만일 데이트 단계에서 이런 문제가 해결되지 못한다면 결혼 후에는 훨씬 더 난감한 문제가 발생할 것이다.

반면, 서로의 과거를 솔직하게 털어놓고 상대방의 모습 그대로를 기꺼이 받아들이는 마음으로 결혼한다면 우리는 결혼 후에 발생하는 여러 문제를 훨씬 더 쉽게 극복할 수 있을 것이다.

솔직하게 표현하라

성적 연합에 있어서 다른 어떤 것보다 중요한 단어는 '의사소통' 이다. 사람들이 다른 모든 것에 대해서는 기꺼이 의논하려 하면서 성적인 부분에서는 솔직한 대화를 꺼리는 이유가 무엇일까?

만일 당신이 자신의 감정과 요구와 바람을 표현하지 않으면 당신의 아내는 결코 그것을 알 수 없다. 또한 당신이 속내를 털어놓지 않으면 당신의 남편은 무엇이 당신에게 기쁨을 주는지 결코 알지 못할 것이다.

지금까지 나는 성적인 문제에 관해 솔직한 대화를 나누지 않고 성적 연합에 도달한 부부를 본 적이 없다.

어느 날 한 여자가 사무실로 찾아와서 상담을 의뢰했다. 그녀는 결혼한 지 3년째가 되었으나 오르가슴을 느껴본 적이 없다고 말했다. 그녀는 남편에게 상처를 주고 싶지 않아서 이 사실을 남편에게 전혀 얘기하지 않았다. 몸에 무슨 문제가 있는 것 같아서 의사를 찾아갔지만 신체적인 문제가 아니었다. 결국 그녀가 이 모든 사실을 남편에게 말한 후에야 비로소 문제가 해결되었다.

남편은 자신이 모르는 문제를 해결할 수 없다. 그러므로 아내의 만족 여부를 늘 물어보아야 한다.

가족생활 세미나 중에 의사소통을 독려하려는 시도에서 나는 부부관계와 관련하여 배우자에게 하고 싶은 조언을 글로 적어보라고 당부했다. 부부관계를 보다 의미 있게 하기 위해 배우자에게 조언하고 싶은 내용을 쓰도록 제안하는 것이다.

본 장의 끝 부분에 '보다 만족스러운 성 관계를 위하여' 라는 제목으로 이런 제안들을 모아두었다. 이 제안들을 통해 부부관계와 관련된 의사소통이 새로워지는 계기가 되기 바란다.

성관계를 갖는 이유

어떤 부부는 성경에 계시된 성관계의 목적을 이해하지 못해 어려움을 겪는다. 가장 분명하지만 유일하지 않은 목적은 바로 자손 번식이다. 남자와 여자를 지으신 후 하나님은 다음과 같이 말씀하셨다.

"복을 주시며 그들에게 이르시되 생육하고 번성하여 땅에 충만하라"(창 1:28).

자손 번식을 위한 부부관계는 창조의 기쁨에 우리를 참여시키시려는 하나님의 방식이다. 배우자를 향한 사랑의 열매인 아기의 얼굴을 들여다보는 것보다 더 큰 기쁨은 없을 것이다.

성경에서 자녀는 언제나 하나님의 선물로 간주된다.

"자식은 여호와의 주신 기업이요 태의 열매는 그의 상급이로다"(시 127:3).

피임은 어떠한가? 적어도 인구과잉으로 고민하는 가난한 나라들은 "땅에 충만하라"는 하나님의 명령이 이제 충분히 실현되었다고 주장한다. 즉 이제는 땅이 넘치지 않도록 땅에 충만하기를 멈춰야 한다는 것이다.

하지만 더 차원 높은 원칙을 고려해봐야 한다.

우리는 책임 있는 존재로 만들어졌다. 성경적으로 부모에게는 자신이 '지은' 자녀의 요구들을 보살필 책임이 있다. 책임 있는 부모로서 자신이 현실적으로 몇 명의 자녀를 보살필 수 있을지 합리적으로 결정해야 한다. 하나님은 우리에게 출산억제 수단들도 주셨다. 인구과잉이 가장 절실한 문제로 대두한 세대에 그런 수단이 많이 알려지게 되었다는 것은 흥미로운 사실이다.

그리스도인으로서 우리는 하나님의 모든 선물을 책임 있게 사용해야 한다. 따라서 부부들은 책임 있는 사람으로서 언제 어떤 방법으로 출산 조절을 할지 함께 의논하여 결정해야 한다. 결혼 전 건강검진 때 이 문제를 의사와 상의해야 한다.

성관계를 결혼한 부부에게만 허용하는 두 번째 목적은 신체적, 정서적 요구를 만족시키기 위해서다. 바울은 이렇게 말한다.

"남편은 그 아내에게 대한 의무를 다하고 아내도 그 남편에게 그렇게 할지라 아내가 자기 몸을 주장하지 못하고 오직 그 남편이 하며 남편도 이와 같이 자기 몸을 주장하지 못하고 오직 그 아내가 하나니 서로 분방하지 말라 다만 기도할 틈을 얻기 위하여 합의 상 얼마 동안은 하되 다시 합하라 이는 너희의 절제 못함을 인하여 사단으로 너희를 시험하지 못하게 하려 함이라"(고전 7:3-5).

바울은 남편과 아내가 서로를 향해 갖는 강력한 신체적, 감정적 욕구에 대해 언급한다. 우리는 성적인 존재이며 서로에 대해 성적으로 강력한 욕구를 지니고 있다. 사실 결혼 전 가장 큰 문제는 이 강한 욕구를 자제하는 것이다. 그러나 결혼생활에서는 그 욕구가 성관계를 통해 충분히 만족되어야 한다.

서로가 이 특권을 거부한다면 우리는 하나님이 명백히 계시하신 본보기를 헛되게 하는 셈이다. 만일 남편과 아내가 이 책임을 진지하게 받아들인다면 혼외 정사율이 현저하게 낮아질 것이다.

솔직한 아내는 "저는 성관계를 남편이 바라는 만큼 자주 갖고 싶지 않아요."라고 말할 것이다. 목사이자 작가인 찰리 쉐드가 말했듯이, 이 부분에서 아내들은 남편에게 헌신적인 면을 보여야 한다.

감정을 배우자에게 솔직하게 표현하되 당신이 그의 요구를 만족시킬 준비를 갖추고 있다는 사실도 알려주라. 당신이 피곤하다면 모든 전희 과정과 힘든 행위를 굳이 다 할 필요가 없다. 단지 당신이 그를 사랑하며 그의 필요를 채우기 원함을 알려주기만 하라. 이것은 최소한의 노력만으로 간단하게 행할 수 있는 일이다. 아내가 오르가슴을 바라지 않는다면 그것을 강요당해서는 안 된다. 남편의 욕구가 채워지면 성관계의 목적 중 하나가 실현된 셈이다.

성경에 계시된 성관계의 세 번째 목적은 즐거움이다. 하나님이 인생을 가능한 한 비참하게 만들기 원하신다고 느끼는 자들은 이 즐거움을 갖기 힘들다. 그러나 성경은 우리를 위한 하나님의 계획이 언제나 선하다고 밝힌다.

"나 여호와가 말하노라 너희를 향한 나의 생각은 내가 아나니 재앙이 아니라 곧 평안이요 너희 장래에 소망을 주려 하는 생각이라"(렘 29:11).

하나님은 성관계를 즐겁게 만들지 않으실 수도 있었지만 그러지 않으셨다. 이것은 하나님께서 가장 소중하게 여기시는 행위 중 하나다.

성경에서의 '즐거움'

창세기 18장은 아브라함과 사라의 삶에서 매우 흥미로웠던 사건을 보여준다. 하나님의 사자가 그들 부부에게 아들이 생길 것을 알려주기 위해 왔다. 놀라운 메시지였지만 아브라함과 사라는 각각 100세와 90세였다. 아브라함은 이 천국의 사자에게 합리적인 질문을 던졌고, 사라는 속으로 웃으며 "내가 노쇠하였고 내 주인도 늙었으니 내게 어찌 낙이 있으리요"(창 18:12)라고 말했다. 여기서 '낙'으로 번역된 히브리어는 '즐거움'을 뜻하는 통상적인 어휘가 아니다. 구약성경 중 유일하게 여기서만 사용되었다. 사라는 성행위의 즐거운 경험을 생각하고 있다. 그녀는 늙었고, 몸이 젊었던 시절 같지 않다. 하지만 그 즐거운 경험을 기억하지 못할 정도로 노쇠한 것은 아니다.

아가서는 결혼의 성적 즐거움을 묘사하는 내용으로 가득하다(6:1-9, 7:1-10). 그 내용이 우리 문화에는 낯설지도 모르지만, 그 의도는 분명하다. 부부끼리 이성을 즐길 수 있다는 것이다.

또 다른 흥미로운 구절이 신명기 24장 5절에서 발견된다.

"사람이 새로이 아내를 취하였거든 그를 군대로 내어보내지 말 것이요 무슨 직무든지 그에게 맡기지 말 것이며 그는 일 년 동안 집에 한가히 거하여 그 취한 아내를 즐겁게 할지니라"

'즐겁게'로 번역된 히브리어는 성적인 만족을 가리키는 단어와 같은 것이다. 즉 그는 1년 동안 집에 머물며 아내를 '즐겁게' 해야 한다.

신혼여행, 그리고 그 이후

잠시 여담 삼아 신혼여행에 대해 생각해보자. 대부분 신혼여행에 사흘에서 일주일 정도를 할애한다. 사람들은 흔히 신혼여행 기간이 천국과도 같을 것이라고 기대하지만, 실제로는 많은 사람이 신혼여행

동안 실망하는 것을 볼 수 있다. 하나님이 1년이라는 기간을 들여 얻게 하신 성적인 낙원을 겨우 사흘 만에 얻을 수 있다고 생각하게 만드는 것은 과연 무엇일까? 성적 연합은 시간을 필요로 한다는 점을 다시금 상기하자.

미국의 전형적인 신혼여행은 심한 압박감을 받는 시간이다. 결혼을 준비하느라 여러 주 동안 에너지를 소비했다. 총각파티도 끝났다. 이제 둘뿐이다. 그러나 심신이 너무 지쳤다.

한 여성이 이렇게 말했다.

"제 기억으로 그때 저희는 몹시 피곤했어요. 저희는 시카고 도심의 가장 근사한 호텔 중 하나에 있었어요. 넓고 멋진 방이었죠. 우리는 레이크쇼드라이브를 달리는 차량을 내다보고 커피 테이블 위에 놓인 커다란 과일 접시에 감탄하면서 멍한 상태로 잠시 창가에 앉아 있었답니다. 침대로 갈 시간이 되었을 때 물론 좋았지만, 저희 둘에게는 하룻밤의 숙면이 너무나 절실히 필요했어요."

신혼여행에서 너무 많은 것을 기대하지 말라. 기껏해야 그것은 앞으로 경험할 일의 시작일 뿐이다. 만일 당신이 부부의 연합을 위해 노력한다면 신혼여행에서의 성적인 즐거움은 1년 후의 그것에 비했을 때 지극히 작은 즐거움에 불과할 것이다.

사랑은 즐거움과 매우 긴밀하게 연관된다. 사랑의 욕구 중 하나는 사랑하는 대상에게 즐거움을 주는 것이다. 따라서 부부간의 성관계는 사랑을 표현하는 매우 의미 있는 방법이다. 그것은 사랑의 가장 큰 음성 중 하나라 할 수 있다. 이는 배우자 각자가 상대방의 즐거움을 생각해야 함을 뜻한다(빌 2:3-4). 남편은 아내를 즐겁게 하고, 아내는 남편을 즐겁게 해야 한다. 가장 차원 높은 사랑의 표현은 서로에 대한 자기 희생이다.

남녀의 차이

잠자리에서 일어나는 어느 날 아침, 남편이 아내에게 "당신 매력적인걸!"이라고 말한다. 아내는 옷을 뒤적거리면서 '지금 이 상황에서 어떻게 저런 생각을 하지?' 생각한다. 이 물음에 대한 답은 생리학과 심리학에서 찾아야 한다. 부부의 하나됨을 위해서는 남녀의 차이점에 대해 숙지할 필요가 있다.

예를 들어, 남성은 여성보다 육체적으로 성충동을 더 많이 느낀다. 남성의 생식선은 정자 세포들을 계속적으로 만들어낸다. 이 세포들이 정액과 함께 정낭에 모이고, 정낭이 가득 차면 배출하고 싶은 욕구가 생긴다.

그러나 여성에게는 이런 것이 없다. 여성의 경우에는 성적 욕구가 육체적이기보다 정서적이다. 이 차이점은 쉽게 볼 수 있다.

한 부부가 심하게 말다툼을 했다고 하자. 남편은 말다툼을 하고 난

불과 한 시간 후에도 아내와 성관계를 갖는 데 어려움을 거의 느끼지 않는다. 반면에 아내는 감정적인 문제가 크게 작용하기 때문에 그렇게 하는 것이 거의 불가능하다. 때문에 다른 관계 영역의 상황이 좋지 않으면 아내는 성적 만족을 느끼지 못한다.

아내의 경우 성적으로 좋은 관계는 아침에 시작되고, 하루 중에 남편의 적극적인 배려들을 통해 자극된다. 남편의 친절과 배려는 의미 있는 성경험을 위한 길을 열어준다.

우리는 성행위 자체에서도 남성과 여성의 육체적, 정서적 반응의 차이점들을 이해해야 한다.

남편은 정서적, 육체적 절정에 빨리 도달하려는 경향이 있고, 절정에 도달한 후에는 정서직으로 급속힌 하락을 보인다. 반면에 아내는 절정 전후에 정서적인 변화가 훨씬 더 서서히 진행된다. 이 차이는 (152-155쪽에서 보여주듯이) 육체적 연합을 경험하기 바라는 남편과 아내에게 많은 것을 시사한다.

Point

할리우드 영화에서는 그야말로 단단한 근육과 S라인의 몸매를 가진 멋진 스타들이 아무런 제약도 받지 않고 열정적으로 사랑을 나눈다. 어떤 사람들은 자신들의 삶도 이런 할리우드 영화와 비슷하기를 바란다. 하지만 하나님은 자신의 무한한 지혜 속에서 자녀를 낳게 하기 위해, 즐거움을 제공하기 위해, 그리고 결혼이라는 친밀한 결속 안에서 남편과 아내가 서로 더 가까워지게 하기 위해 우리에게 성관계라는 선물을 주셨다.

하나님은 부부가 육체적으로, 영적으로, 지적으로, 정서적으로 일평생 서로를 탐구하게 하셨다. 그 과정에서 조정이나 도전이 필요한 일들도 있을 것이다. 하지만 그것은 우리를 위한 하나님의 선하신 뜻에 따른 일이므로 서로의 친밀함을 향한 여정은 충분히 헌신할 만한 가치가 있다.

THE MARRIAGE YOU'VE ALWAYS WANTED

부부행복 실천연습 7

1. 배우자와의 성생활에 대한 당신의 만족도는 어떠한가?

최고다 (   ) 만족한다 (   ) 그저 그렇다 (   ) 불만족한다 (   )

2. 성관계에 대한 당신의 태도는 어떤지 짤막하게 적어보라.

3. 당신이 아내라면 152-153쪽에 있는 '아내가 남편에게 바라는 20가지'를 읽으라. 그리고 당신이 남편에게 얘기하고 싶은 항목들을 골라보라.

4. 당신이 남편이라면 154-155쪽에 있는 '남편이 아내에게 바라는 20가지'를 읽으라. 그리고 당신이 아내에게 얘기하고 싶은 항목을 골라보라.

5. 부부 둘 다 성장하는 것에 열린 마음을 갖고 있다면 고른 항목에 대해 함께 논의해보라. 자신을 변호하려 하기보다는 상대방의 말에 귀를 기울이라. 대화의 목적은 자기 방어가 아니라 성장이다!

6. 배우자와의 육체적 연합을 발전시키기 위해 당신이 할 수 있고, 하려는 일을 적어보라. 지금부터 한 달 후 당신이 어떻게 변화했는지 점검해보라. 매달 새로운 목표를 설정하라.

 **Tip!** 보다 만족스러운 성생활을 위하여

아내가 남편에게 바라는 20가지

1. 낮 동안 내게 더 많은 관심과 애정을 보여줘요. 그리고 퇴근 후 집에 돌아오면 키스해줘요.

2. 전희에 더 많은 시간을 들였으면 해요. 로맨틱한 말들도 중요해요.

3. 성관계를 피곤한 밤에만 하기보다 다양한 시간을 활용해요.

4. 내가 아플 때는 더 많이 배려해줘요.

5. 내 신호를 기다리는 대신 적극적인 태도를 보여줘요.

6. 내 모습 그대로 받아들여줘요. 나의 가장 좋지 않은 모습까지 이해해줘요.

7. 잠자리에 들 때뿐 아니라 다른 때도 가끔 나를 사랑한다고 말해줘요. 가끔 전화해서 "사랑해요!"라고만 말해줘요. 다른 사람들 앞에서 그렇게 말하는 것을 부끄럽게 여기지 마세요.

8. 내가 샤워하는 동안 부드러운 음악을 틀어줘요.

9. 그리스도를 가정의 머리로 모셔요.

10. 적어도 성관계를 시작하기 한 시간 전에 다정하게 대해줘요.

11. 종종 나를 칭찬해서 내가 매력적인 여자라는 느낌을 가질 수 있도록 도와줘요.

12. 당신이 즐기고 있다는 것을 나에게 알려줘요. 당신의 욕구를 더 솔직하게

표현해요. 당신의 속내를 더 분명하게 털어놓아줘요.

13. 너무 빨리 사정하려 하지 말아요.

14. 당신의 문제나 만족스러운 부분에 대해 나랑 함께 기도해요. 나의 요구를 당신에게 표현하도록 허락해줘요.

15. 자연의 아름다움을 감상하고 그것을 나와 함께 나눠요.

16. 당신과 함께 편안한 저녁 시간을 더 많이 가질 수 있도록 아이들 뒷바라지를 더 많이 도와줘요.

17. 나에 대해 인내심을 가져줘요. 절정에 빨리 도달하지 못하더라도 나를 나무라지 마세요.

18. 성행위를 의식적으로 접근하지 말아요. 매번 새로운 경험을 만들어요. 같은 행위를 계속 반복하여 성행위를 지루하게 만들지 말고, 새로운 장소나 새로운 방법을 시도해요.

19. 내가 부정적인 기분을 품고 있을 때는 결코 성행위를 시도하려 하지 말아요. 성관계가 사랑의 행위가 되도록 우리의 마음을 조화롭게 일치시켜요.

20. 가끔 다른 사람들 앞에서 나에 대해 좋게 말할 내용을 생각해봐요.

Tip! 보다 만족스러운 성생활을 위하여

남편이 아내에게 바라는 20가지

1. 가끔 적극성을 보여줘요.

2. 창의성과 상상력을 활용해요.

3. 당신이 즐기고 있음을 보여주기를 부끄러워하지 말아요.

4. 잠자리에 들 시간에 매력적이게 해요. 할머니 옷 스타일의 가운이나 파자마 차림 이외의 뭔가를 입어봐요.

5. 남자들은 시각적으로 쉽게 흥분하니까 내 관심을 끌어줘요.

6. 성관계에 대해 보다 솔직하게 대화해요.

7. 더 일찍 잠자리에 듭시다.

8. 낮 동안에 나의 행동이 일관되지 못했다고 해서 내가 밤에 죄책감을 느끼게 하지 말아요.

9. 때로 성관계 횟수를 늘려요.

10. 남자인 나의 요구와 욕구를 더 고려해줘요.

11. 성관계에 충분히, 그리고 자유롭게 참여해요. 더 솔직하고 적극적이기를 원해요.

12. 성관계할 때 다양한 자세를 허락해요.

13. 욕구를 더 많이 표현하고, 당신에게 그렇듯이 내게도 포옹과 전희가 중요하다는 점을 이해해주기를 바라오.

14. 일상적으로 겪는 낭패스러운 일들로 언짢은 마음을 계속 갖지 말아요.

15. 적어도 매주 한 번씩 함께 여유로운 시간을 가집시다.

16. 늘 무관심한 태도를 보이지는 말아요.

17. 일상적인 일들을 잠시 제쳐 두고 사랑에 대해서도 생각해요.

18. 억지로 즐거운 체하지 말아요.

19. 성관계 거부로 나에 대한 불만을 표현하려 하지 말아요.

20. 나를 연인으로 대해줘요.

8
부모 떠나기와 공경
"부모님이 놓아주시지 않아요!"

한 남편이 이렇게 말했다. "결혼 전에 장인어른과 함께 나눴던 얘기가 생각납니다. 장인어른 말씀의 요지는 '자네, 아내를 잘 돌보고 행복하게 해주게.'라는 내용이었어요. 장인어른은 충고를 많이 하는 분이 아니셨죠. 그분은 지금 세상을 떠나셨지만 그때의 말씀은 늘 저를 따라다녀요. 제가 신뢰받고 있다는 느낌을 주는 말씀이죠."

그리고 그의 아내는 다음과 같이 이야기했다.

"신혼 초에 시어머니가 저를 힘들게 하셨어요. 저는 남편에게 많이 불평했고, 남편은 저를 다독여주었죠. 저는 남편과 시어머니가 서로 얼마나 가까운 사이인지 알기 때문에 그 점을 가볍게 여기고 싶지 않았어요. 시어머니가 점점 연로해지시면서 저는 부모를 '공경하라'는 말이 무슨 뜻인지 생각하기 시작했습니다. 그것은 선택이 아니라 명령이죠. 여전히 시어머니가 가끔 저의 마음을 힘들게 하시지만요."

좋은 쪽으로든 나쁜 쪽으로든 부모는 우리 삶과 밀접한 일부분이다. 그렇다면 우리가 신혼부부든 결혼한 지 오래된 부부든, 부모는 우리 삶에서 어떤 방식으로 존재해야 할까?

우리는 서로를 필요로 한다. 갓 결혼한 부부는 양측 부모와의 좋은 관계에서 비롯되는 정서적인 따뜻함과 삶의 지혜가 필요하다. 그리고 부모들은 이들 부부에게서 얻게 되는 정서적인 따뜻함과 친교를 원한다.

인생은 깨진 관계로 살아가기에는 너무 짧다. 그러므로 인간관계에서 갈등이 생긴다면 2장에서 얘기한 자백과 용서의 원칙을 그대로 적용하기 바란다.

건전한 관계를 유지하기 위해서 반드시 같은 의견을 지녀야 하는 것은 아니지만, 악감정과 원한을 갖는 것은 잘못된 일이다(엡 4:31). 상호간의 자유와 존중이 부모와 결혼한 자녀들을 위한 기본 원칙이 되어야 한다.

본가와 처가와의 관계에 대해 성경은 어떤 지침을 제시하는가? 결혼한 부부는 부모의 생각과 제의와 요구들을 어떻게 대해야 할까? 결혼 관계를 파괴하려는 부모를 볼 때 우리는 어떻게 해야 할까?

본가나 처가와의 관계에서 우리가 성경적인 본보기를 따르려면 두

가지 원칙을 기억해야 한다. 그 원칙은 바로 '충성하는 것' 과 '계속 공경하는 것' 이다.

부모 떠나기

창세기 2장 24절은 "이러므로 남자가 부모를 떠나 그 아내와 연합하여 둘이 한 몸을 이룰지로다"라고 명한다. 이 원칙은 에베소서 5장 31절에서도 반복된다. 하나님은 결혼하여 부모를 떠나 배우자와 결합하라고 지시하신다. 결혼 전에는 부모를 따르는 것이 우선이었으나 결혼 후에는 배우자를 따르는 것이 우선이다.

더 이상 부모에게 기대지 않고 배우자에게 기대야 한다. 한 남자의 아내와 그의 어머니 사이에 갈등이 생기면 남편은 아내 편에 서야 한다. 이것은 어머니를 함부로 대해도 된다는 뜻이 아니다. 두 번째 원칙에 대해서도 나중에 살펴볼 것이다. 그러나 부모로부터 분리되는 원칙이 더 중요하다. 부모로부터 심리적으로 분리되지 않고서는 온전한 결혼 관계에 도달하지 못한다.

부모로부터 분리된다는 것은 실제적으로 무엇을 뜻할까? 나는 이것이 새로 결혼한 부부의 독자적인 생활 계획을 뜻한다고 믿는다. 부모와 함께 사는 동안에는 따로 살 때만큼 자립심을 계발하기가 어렵다. 부모와 함께 살면 부모를 의지하려는 마음이 생기기 때문이다.

그러나 자신들의 생활양식을 계발하는 자유를 지니고 초라한 집에서 사는 것이 부모의 보호를 받으며 윤택하게 사는 것보다 낫다. 따라서 부모는 자녀가 그런 자립심을 갖도록 독려해야 하며, 이러한 생활 여건을 마련하는 능력이 결혼 날짜를 정할 때 반드시 고려되어야 한다.

부모 떠나기 원칙은 어떤 결정을 내릴 때에도 중요하다. 당신의 결혼생활에 대해 부모가 여러 의견을 제시했다고 하자. 그 견해들을 진지하게 고려해야 하지만 최종적으로는 당신이 결정해야 한다. 부모를 행복하게 하는 것보다 배우자를 행복하게 하는 데 기초하여 결정을 내려야 한다. 하나님 안에서 부부는 새로운 단위이며, 서로를 위해 살도록 성령에 의해 연합되었다(빌 2:3-4).

남편이 자신의 어머니에게 이렇게 말할 수도 있다.

"어머니도 아시다시피 저는 어머니를 사랑하지만 이제는 결혼을 했고 어머니의 요구대로 하기 위해 결혼 관계를 깨트릴 수는 없어요. 저는 어머니를 사랑하며 돕고 싶지만, 아내와 저를 위해 꼭 필요한 일을 해야 해요. 어머니가 좀 이해해주셨으면 해요. 그래야만 어머니와의 관계가 계속 잘 유지될 수 있으니까요. 어머니가 이해하지 않는다면 문제가 생길 수밖에 없어요. 어머니, 저는 결혼 관계에 충실해야 해요."

이런 말이 생경하게 들린다면 감사하라. 그 이유는 당신이 완고하고 이기적인 시모를 만나지 않았기 때문이다. 그런 상황은 엄연히 존재할 수 있으며, 그것을 바로잡을 수 있는 성경적인 해답은 사랑이다. 결혼 후에도 남편이 어머니의 지배를 허용해서는 안 된다. 그것은 성경적인 본보기가 아니다.

부모의 지혜를 참작하라

부모가 제의한 것들은 반드시 고려해볼 필요가 있다. 부모는 우리보다 더 깊은 연륜과 지혜를 지니고 있다.

장인의 지혜를 보여주는 좋은 예가 출애굽기 18장에 나온다. 모세는 아침부터 저녁까지 이스라엘 백성을 재판하고 있었다. 대기실은 언제나 꽉 찼다. 차 한 잔 마실 시간도 없었다.

"모세의 장인이 그에게 이르되 그대의 하는 것이 선하지 못하도다 그대와 그대와 함께한 이 백성이 필연 기력이 쇠하리니 이 일이 그대에게 너무 중함이라 그대가 혼자 할 수 없으리라 이제 내 말을 들으라 내가 그대에게 방침을 가르치리니 하나님이 그대와 함께 계실지로다 그대는 백성을 위하여 하나님 앞에 있어서 소송을 하나님께 베풀며"(17-19절).

그것은 모세에게 힘든 판결만 맡으라는 조언이었다(22절).

모세는 장인의 말이 지혜롭다는 것을 깨닫고 그의 제안을 받아들였다. 자신의 성숙함을 보여주는 태도였다. 그는 장인의 생각이라고 해서 좋은 아이디어를 거부하지 않았다. 누구의 것이든 상관없이 좋은 아이디어를 받아들일 수 있을 정도로 충분한 자존감을 지녔다.

부모로부터 분리되는 원칙은 결혼생활에서 다툼이 일어날 때에도 적용된다. 예를 들어보겠다. 늘 자신의 어머니를 의지하는 젊은 아내는 결혼생활에 문제가 생기면 어머니에게 푸념을 늘어놓는 경향이 있다. 다음 날 남편이 자신의 잘못을 깨닫고 용서를 구하고, 서로 사이가 좋아진다. 그 후 다시 다툼이 생기면 아내는 또 엄마에게 털어놓는다. 이것이 하나의 유형이 된다. 그리고 오래지 않아 그녀의 어머니는 사위에게 악감정을 품게 되어 딸에게 그와 갈라설 것을 당부한다. 그 딸은 남편에게 매우 부당한 행동을 했고, 부모 떠나기 원칙을 따르지 못한 것이다.

배우자와 다투게 되면 상대방과 직접 대면하여 문제를 해결하라. 다툼은 성장을 향한 징검다리여야 한다. 외부의 도움이 필요하다면 담임목사나 기독교 결혼상담가를 찾아가라. 그들은 적절한 자격을 갖추고 훈련을 받았기 때문에 실제적인 도움을 줄 것이다. 그들은 성경적인 지침을 제시할 수 있고 객관적으로 상황을 바라볼 수 있지만, 부모는 그렇게 하기 힘들다.

공경하는 것

부모와의 관계에 대한 두 번째 원칙은 출애굽기 20장 12절에 언급되며 십계명 중 하나다.

"네 부모를 공경하라 그리하면 너의 하나님 나 여호와가 네게 준 땅에서 네 생명이 길리라"

이것은 신명기 5장 16절과 에베소서 6장 2절에도 반복된다.

부모를 공경하라는 계명은 한 번도 폐지된 적이 없다. 부모 공경은 당연한 일이다. 에베소서 6장 1절에서 사도바울은 "자녀들아 너희 부모를 주 안에서 순종하라 이것이 옳으니라" 말한다. 부모에 대한 순종은 태어나서부터 결혼 때까지의 지침이다. 이어서 바울은 "네 아버지와 어머니를 공경하라 이것이 약속 있는 첫 계명이니 이는 네가 잘되고 땅에서 장수하리라"(2-3절)고 당부한다.

이와 같이 부모 공경은 태어나서부터 죽기까지의 지침이다. 이것이 본래적인 명령이다.

'공경'은 '존경심을 보인다'는 뜻이다. '상냥함과 품위를 갖추고 상대방을 대한다'는 의미도 있다. 사실 모든 부모가 존경받을 만한 삶을 사는 것은 아니다. 그들의 행위가 존경받기에 합당하지 않을 수 있다.

하지만 그들도 하나님의 형상으로 지음받았기 때문에 공경받을 가치가 있다. 그들의 행동을 존경할 수 없을 때에도 부모라는 사실 때문에 그들을 존경해야 한다.

자신의 부모와 배우자의 부모를 공경하는 것은 옳은 일이다. 결혼을 위해 '부모를 떠난다'고 해서 그들을 공경할 책임이 사라지는 것은 아니다.

부모님 공경을 살면서 어떻게 표현할 수 있을까? 방문, 전화, 편지를 통해 여전히 부모를 사랑하며 삶을 함께 나누고 싶다는 뜻을 밝힐 수 있다.

'떠남'을 '저버림'으로 오해해서는 안 된다. 정기적인 만남이 부모 공경의 본질적인 요소다. 부모와 왕래하지 않는다는 것은 "난 더 이상 관심이 없어요."라고 말하는 것과 같다.

부모와 왕래하는 일과 관련하여 반드시 기억해야 할 것이 또 하나 있다. 배우자 쌍방의 부모를 공평하게 대해야 한다는 것이다. 하나님은 편애하시지 않는다(롬 2:11). 우리는 그분의 본보기를 따라야 한다.

편지를 보내는 것, 전화 통화하는 것, 방문하는 것에서 평등의 원칙이 지켜져야 한다. 한쪽 부모에게 한 달에 한 번 전화한다면 다른 쪽 부모에게도 한 달에 한 번 전화해야 한다. 한쪽이 일주일에 한 번 편지나 이메일을 받는다면 다른 쪽도 그래야 한다. 방문, 저녁 식사, 휴가에 대해서도 마찬가지다.

가장 곤란한 상황은 명절 때 일어날 것이다.

아내의 어머니는 크리스마스이브를 딸 내외와 함께 보내기 원한다. 남편의 어머니는 크리스마스 저녁에 아들 내외와 함께 식사하기를 원한다. 만일 그들이 같은 동네에 산다면 두 스케줄을 다 소화할 수 있다. 그러나 서로 멀리 떨어진 곳에 산다면 그것은 불가능한 일이 된다. 해결책은 평등 원칙에 근거해야 한다. 즉 매년 돌아가며 한 곳씩 방문하는 것이다.

또한 '공경'은 부모에게 상냥하게 말하는 것도 포함된다.

바울은 "늙은이를 꾸짖지 말고 권하되 아비에게 하듯" 하라고 권면한다(딤전 5:1). 우리는 이해심과 동정심을 지녀야 한다. 진실을 말해야 하지만 늘 사랑으로 해야 한다(엡 4:15).

에베소서 4장 31-32절은 부모와의 관계에서도 진지하게 명심해야 할 내용이다.

"너희는 모든 악독과 노함과 분냄과 떠드는 것과 훼방하는 것을 모든 악의와 함께 버리고 서로 인자하게 하며 불쌍히 여기며 서로 용서하기를 하나님이 그리스도 안에서 너희를 용서하심과 같이 하라"

디모데전서 5장 4절도 부모 공경에 관한 말씀이다.

"만일 어떤 과부에게 자녀나 손자들이 있거든 저희로 먼저 자기 집에서 효를 행하여 부모에게 보답하기를 배우게 하라 이것이 하나님 앞에 받으실 만한 것이니라"

우리가 어렸을 때, 부모님이 우리에게 필요한 것들을 채워주셨다. 그들이 연로해짐에 따라 이제 우리가 그들을 위해 같은 일을 해야 한다. 부모님께 필요한 것들을 공급할 책임이 우리에게 있는 것이다. 이 책임을 기피하는 것은 그리스도를 믿는 믿음을 부인하는 것이다(딤전 5:8). 우리의 행동을 통해 그리스도에 대한 믿음과 부모 공경을 보여주어야 한다.

또한 인척들을 있는 모습 그대로 받아들여야 한다. 자신이 그들을 변화시켜야 한다는 생각을 갖지 말라. 그들이 그리스도인이 아니라면 그들을 위해 기도하면서 그리스도를 소개할 기회를 잡으려 할 것이다. 하지만 그들을 당신 취향에 맞추려 하지는 말라. 그들이 당신의 결혼 생활에 관여하지 않기를 기대하는 만큼, 그들에게도 그런 자유를 허용하라.

아울러 배우자 앞에서 인척들을 비판하지 말라. 당신의 배우자에게는 그 부모를 공경할 책임이 있다. 당신이 그들을 비판하면 배우자의 부모 공경이 힘들어진다. 그러므로 당신의 배우자가 그 부모의 약점을 비판할 때 도리어 그들의 강점을 언급하라. 그리고 그들의 긍정적인 특성을 강조하여 공경심을 북돋우라.

성경은 인척들과의 건전한 관계에 대한 아름다운 사례를 제시한다.

모세는 장인 이드로와 건전한 관계를 맺었다. 모세가 미디안을 떠나 이스라엘의 출애굽을 인도하라는 하나님의 소명에 대해 얘기했을 때 이드로는 "평안히 가라"고 말했다(출 4:18). 그리고 훗날 출애굽이 성공한 후에 이드로는 모세를 보러 갔다.

"모세가 나가서 그 장인을 맞아 절하고 그에게 입 맞추고 그들이 서로 문안하고 함께 장막에 들어가서"(출 18:7).

이드로가 앞에서 언급된 조언을 모세에게 제시한 것도 바로 이때다.

장인의 제안에 대한 모세의 개방적인 태도는 그들 사이의 관계가 좋았음을 보여준다.

또한 룻과 나오미는 시모에 대한 며느리의 아름다운 헌신을 보여주는 사례다.

예수께서도 베드로의 장모에게 이적을 행하셨고, 그녀는 그 보답으로 예수님을 섬겼다(마 8:14-15).

이와 같이 자유와 조화는 인척 관계를 위한 성경적인 원리다. 그리고 결혼을 위한 하나님의 뜻은 부모로부터의 분리와 부모에 대한 헌신이다.

부모로서 고려할 사항

당신이 결혼한 자녀를 두고 있다면 어떻겠는가? 아들이나 딸의 결혼 장면을 상기해보기 바란다.

주례 목사가 "이제 두 사람이 부부임을 선언합니다."라고 선포한다. 서로를 바라보는 새 부부의 눈이 빛난다. 당신은 부모로서 교회 앞쪽에 앉아 눈물을 흘린다. 당신의 모든 수고가 이렇게 끝난다. 자녀의 탄생부터 결혼까지 당신은 그의 자립을 위해 교육시켜왔다.

사실 자녀가 결혼하기 전까지 당신은 그가 하나님 앞에서 성숙한 사람으로 살아갈 수 있도록 훈련시켜왔다. 당신은 그들에게 요리법, 설거지, 잠자리 정돈, 쇼핑, 저축, 책임감 있는 결정 등을 가르쳤다. 권위에 대한 존중과 개인의 가치도 가르쳤다. 요컨대 당신과 당신의 배우자는 그들을 성숙해지게 하려고 노력했다.

이제 자녀의 결혼식으로 당신의 교육은 끝나고, 그들의 자립이 실현된다. 당신의 도움이 그들로 하여금 당신을 전적으로 의지하는 상태로부터 온전한 자립 상태로 전환하게 했기를 바란다. 이 시점부터 당신의 배우자와 당신은 그들을 성인으로 보아야 한다. 더 나은 방향으로든 더 나쁜 방향으로든 그들은 스스로 나아가야 한다. 부모로서 우리는 다시는 그들에게 자신의 뜻을 강요해서는 안 된다. 그들을 동등한 위치에서 존중해야 한다.

그렇다면 인척으로서 우리의 역할은 무엇일까?

자녀가 고등학교를 졸업한 직후나 대학교 재학 중에 결혼할 때, 종종 부모의 역할이 바뀌는 경우가 있다. 요즘의 결혼 평균 연령은 20대 후반에서 30대 초반이다. 결혼 전부터 독립적으로 살아가는 경우도 많다. 베이비붐 세대의 부모들은 자신의 삶과 직업에 몰두하느라 분주하며 다 자란 아이들의 삶에 개입하기를 그다지 원하지 않는다.

하지만 변하지 않는 것이 있다. 모든 부모는 자녀들이 좋은 출발을 하기 바란다. 즉 자신의 경험과 지혜를 자녀에게 전해주거나, 자신의 실수를 자녀들이 피할 수 있도록 도와주기 원한다.

분명 부모들은 젊은 부부에게 자유로운 마음으로 조언할 수 있어야 한다(소언을 부탁받을 때까지 기다리는 것이 최선이기는 하지만). 그렇더라도 부모가 자신의 조언을 자녀 부부에게 강요하면 안 된다.

그들이 부탁하거나 당신이 꼭 해야겠다는 생각이 들면 의견을 제시하되 결정은 그들에게 맡기라. 그들이 당신의 제안을 따르지 않더라도 화를 내지 않는 것이 중요하다. 당신의 지혜를 활용할 수 있는 기회와 함께 실수를 범할 자유도 허용하라. 이렇게 하는 것은 쉽지 않지만, 그들의 성숙과 성장을 위해 반드시 필요한 일이다.

재정적인 도움은 어떠한가? 부모가 범하기 쉬운 죄는 젊은 자녀 부부를 자신의 뜻대로 하기 위해 '경제적 지원'이라는 방법을 사용하는 것이다.

"너희가 옆집으로 이사 오면 침대를 사주마."

조건이 붙지 않고 사랑으로 주어진다면 선물은 좋은 것이다. 그러나 조건적인 선물은 선물이라기보다는 하나의 도구일 뿐이다. 부모는 그런 유혹에 넘어가지 않도록 주의해야 한다.

이것은 부모가 자녀를 더 이상 돕지 않아야 한다는 뜻이 아니다. 모든 도움이 의존보다는 자립을 고무시키는, 책임감 있는 방식으로 주어져야 함을 의미한다. 다시 말해 우리가 자녀에게 재정적인 도움을 줄 경우에는 그들이 그것에 의존하게 하기보다 그것을 발판으로 자유를 얻도록 도와야 한다. 그들 스스로 지탱하지 못하는 생활양식을 심어 주어서는 안 된다.

Point

결혼한 자녀들과 부모들은 가족이 늘어나면서 새로운 기쁨을 발견한다. 근처에서 가까이 살든 멀리 떨어져 살든, 하나님의 지시에 따라 당신도 그 기쁨을 누릴 수 있다.

THE MARRIAGE YOU'VE ALWAYS WANTED

부부행복 실천연습 8

1. 자신의 부모나 배우자의 부모와 문제를 겪고 있는가? 만일 그렇다면 그 문제를 구체적으로 적어보라.

2. 본 장에 언급된 내용 중 당신의 부모나 배우자의 부모가 어긴 것은 무엇인가? 구체적으로 적어보라(필요하면 해당 부분을 다시 읽으라).

3. 본 장에서 논의된 원칙들 중 양가 부모와 관련하여 당신이나 배우자가 어긴 것은 무엇인가? 구체적으로 적어보라.

4. 그 상황을 고치기 위해 어떻게 해야 한다고 생각하는가? 구체적으로 답하라.

5. 당신이 앞서 대답한 것들을 배우자와 함께 논의하기 전에, 배우자에게 본 장에 수록된 인척 관련 내용을 읽고 1-4번 문제를 작성하라.

6. 시간을 미리 정해 놓고 문제를 진지하게 논의해보라. 자신의 문제를 서로에게 읽어준 후 다음의 항목을 살펴보라.

a. 당신은 그 문제에 동의하는가?

b. 당신은 자신의 잘못을 인정하는가?

c. 그 상황을 바로잡기 위해 어떤 행동을 취해야 하는지에 대해 동의하는가? 만일 동의하지 않는다면 건설적인 행동에 동의할 수 있을 때까지 지금뿐 아니라 나중에라도 의논을 계속하라.

7. 적절한 행동을 취하기로 동의했다면 실천해보라. 서로와 양가 부모를 위해 기도하라(그 계획이 부모의 입장과 상충할 수 있다면 배우자의 부모보다는 자신의 친부모에게 얘기하는 것이 좋을 것이다).

8. 양가 부모에 대한 당신의 행동이 어떻게 바뀌어야 하는지 먼저 생각해야 한다. 솔직히 당신의 행동이나 대화에서 그들을 '공경하는 태도'가 드러나는가?

9. 모든 것을 애정 있고 확고한 태도로 행하라. 당신이 원하는 것은 관계 파괴가 아니라 관계 향상임을 기억하라.

9
사랑과 돈
"더 많이 갖고 싶은데…"

때로는 많이 소유할수록 그 소유를 놓고 더 많이 다투는 것 같다. 미국에서 가장 가난한 부부가 세계 인구의 대다수보다 부유하다. 즉 문제는 돈의 양이 아니라, 돈에 대한 태도와 돈을 사용하는 방식이다. 한 여성이 서글픈 표정으로 말했다.

"많은 사람이 자신을 행복하게 해줄 척도로서의 심리적인 '금액'을 정해 두고 있어요. 그 금액 때문에 시달린다는 것은 우스운 일이죠. 몇 년 전에는 4만 달러의 연봉이 대단한 것 같아 보였는데, 거기 도달하자 저희의 목표는 5만 달러로 바뀌었어요. 솔직히 이 목표에 도달했을 때는 너무 좋았어요. 생활하기에는 아무런 문제가 없었죠. 그런데도 여전히 부족하게 느껴지더군요."

더 많음 vs 더 나음

지네트 클리프 조지라는 작가가 이렇게 말했다.

"인생에서 가장 큰 비극은 당신이 추구하는 걸 얻지 못하는 것이 아니다. 인생에서 가장 큰 비극은 그것을 얻으려고 아등바등했는데 그만한 가치가 없었음을 깨닫게 되는 것이다"

대부분의 부부는 매달 200달러 정도만 더 벌면 먹고 사는 데 지장이 없을 것이라 생각한다. 그러나 참된 만족을 주는 것은 돈의 액수가 아니라 "의와 경건과 믿음과 사랑과 인내와 온유"다. 또한 하나님과 동행하며 그분의 가치를 추구하는 삶이다(딤전 6:11). 올바른 행동, 사랑 표현, 상대방의 불완전함에 대한 인내, 그리고 자신에 대한 진실한 평가가 결혼생활의 참된 만족을 준다.

언젠가 두 가정을 방문하게 되었다. 두 가정이 참 대조적이었다. 먼저 간 곳은 자그마한 집이었다. 거실에 들어서자 중앙에 석유난로가 있었고, 한쪽 구석에 아기를 누인 요람이 있고, 다른 쪽에는 강아지가 있었다. 벽에는 달력과 그림 하나가 걸려 있었다. 등받이 나무의자 두 개와 오래 된 소파가 거친 목재 바닥 위에 놓여 있었고, 주방으로 연결되는 오른쪽 문과 침실로 연결되는 왼쪽 문은 슬레이트 조각으로 만든 것으로 사이사이가 갈라진 상태였다. 그 집은 분명 오늘날 미국인의 기준으로 볼 때 매우 초라한 모습이었다. 그러나 그 집의 부부에게서는 놀라울 정도로 따뜻한 정감이 느껴졌다. 그들이 서로를 얼마나 사랑하는지, 그들의 아기를 얼마나 사랑하는지, 그리고 하나님을 얼마나 사랑하는지 확실히 느낄 수 있었다. 그들은 그 누구보다도 행복해 보였고 삶이 활기차 보였다.

그곳을 나와 시내를 가로질러 아름답고 넓은 벽돌집을 향해 차를 몰았다. 안으로 들어섰을 때 발바닥에서 전해지는 카펫의 감촉이 푹신푹신했다. 거실 벽에는 멋진 초상화들이 걸려 있었고, 벽난로 속의 불이 따뜻하게 환영해주었다(비록 심미적인 용도로 설치해 둔 것이기는 하지만). 그리고 세련된 소파 위에 강아지가 누워 있었다. 그러나 자리에 앉은 지 얼마 지나지 않아, 나는 그 집에서 따뜻하게 느껴지는 것은 벽난로뿐임을 알게 되었다. 부유함 속에 잘 포장되어 있는 냉랭함과 적의가 느껴졌다.

그날 밤 나는 차 안에서 이렇게 기도했다.

"하나님, 만일 저 두 가정 중 하나를 선택하라고 하신다면 저는 작지만 가족의 따뜻함이 느껴지는 집을 선택하겠습니다."

삶에서 더 중요한 것은 소유가 아니라 관계다. 첫째는 하나님과의 관계이고 둘째는 사람들과의 관계다.

그렇다고 가난을 낭만적으로 묘사하고 싶지는 않다. 계속되는 궁핍은 영혼에 해로운 영향을 미친다. 하나님의 참된 종들 중에는 부유한 부부도 많다. 하지만 예수님의 말씀에 기초하여 균형 잡힌 시각을 유지해야 한다.

"너희는 먼저 그의 나라와 그의 의를 구하라 그리하면 이 모든 것을 너희에게 더하시리라" (마 6:33).

여기서 "이 모든 것"은 음식과 의복과 거주지를 포함한다(25절). 돈에 집착하면 하나님과의 관계와 사람들 간의 관계가 왜곡될 수 있다.

우리 중 대부분은 생계를 위해 일해야 한다. 하나님은 주로 이 방법을 통해서 우리에게 필수품들을 제공하신다. 그러나 일은 '의로운' 행위 중 하나일 뿐이다. 경건, 믿음, 사랑, 인내, 온유 등과 같은 것들도 많이 있다. 더 중요한 것을 망각하게 할 정도로 돈에 집착하면 안 된다. 예수님께서는 이런 위험에 대해 다음과 같이 경고하셨다.

"한 사람이 두 주인을 섬기지 못할 것이니 혹 이를 미워하며 저를 사랑하거나 혹 이를 중히 여기며 저를 경히 여김이라 너희가 하나님과 재물을 겸하여 섬기지 못하느니라" (마 6:24).

돈은 탁월한 종이지만 주인이 아니고, 유용한 수단일 뿐 목적이 아니다. 돈이 우리의 신이 될 때 우리는 파탄에 직면하게 된다.

하나님이 주신 것 활용하기

하나님은 자신이 우리에게 주신 것을 우리가 어떻게 이용하는지 살피신다(마 25:14-30).

주님은 신실한 청지기에게 "잘하였도다 착하고 충성된 종아 네가 작은 일에 충성하였으매 내가 많은 것으로 네게 맡기리니 네 주인의 즐거움에 참예할지어다"라고 하셨고(21절), "많이 맡은 자에게는 많이 달라 할 것이니라"(눅 12:48) 말씀하셨다.

재정적인 자원이 풍부하든 간소하든 얼마든지 바르게 사용할 수 있다. 우리에게는 청지기로서 맡겨진 모든 것을 최선의 방식으로 사용할 책임이 있다.

건전한 계획, 구매, 저축, 투자, 기부는 모두 청지기 사역에 속한다. 교회와 기독교 단체를 통해 하나님께 헌금하는 것도 신실한 청지기 사역 중 하나다.

구약성경에서 확립되었고 신약성경에서도 권하는 헌금의 본보기는 수입의 십분의 일을 주께 드리는 '십일조'다(레 27:30, 마 23:23).

그러나 금액보다 더 중요한 것은 헌금에 대한 태도다. 성경은 기쁜 마음으로 헌금할 것을 당부한다. 그리스도인의 헌금은 공덕을 쌓기 위한 율법적인 의무가 아니라, 하나님을 향한 사랑에서 비롯되는 의지의 표현이다. 바울은 이렇게 말한다.

"이것이 곧 적게 심는 자는 적게 거두고 많이 심는 자는 많이 거둔다 하는 말이로다 각각 그 마음에 정한 대로 할 것이요 인색함으로나 억지로 하지 말지니 하나님은 즐겨 내는 자를 사랑하시느니라 하나님이 능히 모든 은혜를 너희에게 넘치게 하시나니 이는 너희로 모든 일에 항상 모든 것이 넉넉하여 모든 착한 일을 넘치게 하게 하려 하심이라"
(고후 9:6-8).

하나님의 은혜와 부를 간구하는 사람들이 많다. 하지만 그 약속은 즐겁게 드리는 자에게 주어지는 것이다. 성경은 일하는 목적 중 하나가 필요한 사람들에게 베풀기 위함이라고 이야기한다. 따라서 그리스도인은 정기적으로 적절하고 자발적인 헌금을 해야 한다.

"도적질하는 자는 다시 도적질하지 말고 돌이켜 빈궁한 자에게 구제할 것이 있기 위하여 제 손으로 수고하여 선한 일을 하라"(엡 4:28).

나 + 너 = 우리

결혼생활에서 하나됨을 추구할 때 '내 돈'이나 '네 돈'이 아닌 '우리 돈'의 개념을 가져야 한다.

빚도 마찬가지다. 만일 당신이 학자금 융자로 5,000달러를 빚진 졸업생과 최근에 결혼했고 자신은 신용카드로 휘발유 대금을 결제하여

50달러 빚졌다면, 당신의 빚은 5,050달러가 된다. 즉 서로를 배우자로 받아들일 때는 서로의 자산뿐 아니라 채무도 받아들이는 셈이다.

그러므로 결혼 전에 서로의 자산과 채무에 대해 충분히 논의해야 한다.

빚을 지니고 결혼하는 것이 잘못은 아니지만, 당신은 그 빚을 알아야 하고 상환 계획에 대해서도 동의해야 한다. 그 빚은 '우리' 빚이 될 것이므로 '우리'가 함께 논의하고 계획에 동의할 필요가 있다.

내가 아는 어떤 부부는 결혼 전 이 부분에 대해 충분히 얘기하지 않았다가 결혼한 다음 날에야 자신의 목에 재정적으로 무거운 올가미가 씌워졌다는 것을 깨닫게 되었다. 그런 핸디캡으로 결혼생활을 시작하는 것은 참 불행한 일이다.

현실적인 상환 방편이 없는 상태에서 큰 빚을 지고 있다면 결혼을 연기할 것을 권하고 싶다.

결혼 전의 재정적인 무책임은 결혼 후에도 그럴 가능성이 많음을 뜻한다.

대부분의 예비부부는 결혼 전에 학자금 융자와 같은 빚을 지니고 있다. 따라서 서로 충분히 이에 대해 논의할 때 비로소 현실적으로 결혼에 임할 수 있을 것이다.

재정적 하나됨

상대방의 예금 잔고가 6,000달러이고 당신은 80달러밖에 없더라도, 둘이 결혼하면 6,080달러의 공동자산을 갖게 된다. 이 '하나됨'이 불편하게 느껴진다면 결혼할 준비가 되지 않은 것이다. 결혼의 동기는 하나됨이지 않은가? 즉 재정적인 면에 있어서도 부부는 하나됨을 향해 나아가야 한다.

물론 재산이 워낙 많아서 세금 관계상 특정 재산이나 자산을 개인 소유로 남겨두는 것이 더 지혜로울 수 있다. 그러나 대부분의 사람들에게는 예금 잔고나 재산 소유권 등이 하나됨의 원칙에 모두 포함된다.

부부는 하나이기 때문에 다른 삶의 영역에서와 마찬가지로 재정적인 면에서도 하나됨을 표현하기 원한다.

그 돈은 '우리'의 돈이기 때문에 '우리'는 그것을 어떻게 사용할지에 대해 동의해야 한다. 6장에서 언급한 의사 결정 유형이 다른 결정은 물론이고 재정적인 결정에도 적용되어야 한다.

다시 말해 재정적인 결정 이전에 충분한 논의가 이뤄져야 하며, 모든 논의에서 의견 일치를 이루는 것을 목표로 삼아야 한다. 부부는 경쟁자가 아니라 파트너임을 기억하라. 재정적인 문제에서의 의견 일치에 의해 결혼생활이 더 고무될 것이다.

큰 지출이 있을 때

심각한 비극을 예방할 수 있는 한 가지 원칙은 큰 지출을 하기 전에 반드시 서로 그것에 대해 의논하기로 합의하는 것이다. 의논의 목적은 의견 일치에 도달하는 것이다. 크게 지출될 것 같은 부분에 대해서는 금액을 분명하게 정해 두어야 한다. 예를 들어 50달러 이상인 물건을 구매할 때는 반드시 서로 의논하기로 하는 것처럼 말이다.

부부가 이 원칙을 따른다면 최신형 TV가 더 많이 상품진열실에 놓여 있게 될 것이며, 많은 부부들이 훨씬 더 행복해질 것이다. 행복은 물건이 아닌 관계에서 비롯된다. 그러므로 부부의 하나됨이 어떤 물건을 구입하는 것보다 더 중요하다.

나아가 부부는 기본적인 소비 형태에 대해서도 동의할 필요가 있다. '예산'은 많은 부부에게 어색한 말이지만, 실제로는 모든 부부가 나름대로 예산을 세우고 있다. 예산이란 단지 돈을 사용하려는 계획일 뿐이다.

많은 부부가 예산을 기록해 두지 않으며 그다지 효과적인 예산을 세우지도 않는다. 그러나 나름대로 계획을 갖고 있다. 따라서 문제는 '우리가 예산을 세워야 하나?'라기보다 '어떻게 하면 예산을 향상시킬 수 있을까?'이다. '우리에게 이미 계획이 있지만 더 나은 계획을 세울 수 있을까?'

한 푼도 빠짐없이 낱낱이 기록할 필요는 없다. 예산이란 재정적인 계획이다. 이성과 의지를 활용하여 수입을 관리하려는 것뿐이다.

돈을 어떻게 쓸지에 대한 선택은 당신의 몫이다. 점원 앞에서 충동적으로 결정하기보다는 배우자와 함께 이성적으로 의논하여 예산을 결정하는 것이 훨씬 낫다.

예산을 계획하라

이 책의 목적은 예산 세우기에 관한 상세한 도움을 제공하는 것이 아니다. 이 장에서의 목표는 현재의 재정 계획(예산)에 대해 다시 생각해 보게 하는 것이다.

당신의 자원을 더 유용하게 사용할 수 있는 방법이 있을까? 청지기로서 그 방법을 찾아내는 것은 당신의 의무다. 약간의 시간과 생각만으로도 개선할 수 있는데 왜 몇 년 동안 같은 방식을 지속하고 있는가?

그리스도인이라면 재정적인 자원을 최대한으로 잘 활용해야 한다. 신자로서 당신은 하나님의 지시를 따라야 한다. 당신의 모든 소유는 하나님께서 당신에게 맡기신 것이다. 그러므로 당신은 하나님께 회계해야 한다(마 25:14-30).

재정 계획 개선은 당신의 유익을 위한 일일 뿐 아니라, 하나님 나라의 유익을 위한 일이기도 하다(마 6:33).

재정 계획을 다시 생각할 때 성경의 몇 가지 원리를 기억할 필요가 있다.

먼저 우선순위를 지켜야 한다. 그리스도인의 첫 번째 우선순위는 하나님 나라다. 하지만 우리는 우선순위를 어기는 경향이 있다. 음식과 옷과 거주지와 쾌락을 우선시하고 남은 것을 교회로 가져간다. 성경적인 본보기와는 정반대다.

이스라엘이 여호와께 드려야 했던 헌물은 남은 것이 아니라 '첫 열매' 다. 이와 관련하여 솔로몬이 정곡을 찔렀다.

"네 재물과 네 소산물의 처음 익은 열매로 여호와를 공경하라 그리하면 네 창고가 가득히 차고 네 즙틀에 새 포도즙이 넘치리라"(잠 3:9-10).

'왜 내 창고가 텅 비었을까?' 하고 의아했던 적이 있는가? 하나님 나라 대신 창고에 너무 집착하지는 않았는가?

결혼 초기부터 수입의 10퍼센트를 주님께 감사헌금으로 드리려는 예산을 세워야 한다. 정부는 아예 당신의 임금에서 세금부터 공제한다. 예수님도 그런 징세에 반대하지 않으셨고, 다만 "하나님의 것은 하나님께" 바쳐야 한다고 말씀하셨다(마 22:17-22). 때로는 십일조 이상을 드리고 싶을 것이다. 십일조는 다만 성경적인 원칙을 진지하게 받아들이는 부부들을 위한 최소한의 헌금 기준으로 생각해야 한다.

저축을 계획하라

성경적인 예산 수립은 미래를 위한 계획까지 포함한다.

"슬기로운 자는 재앙을 보면 숨어 피하여도 어리석은 자들은 나아가다가 해를 받느니라"(잠 22:3).

성경에 의하면, 지혜로운 사람은 가족이나 어떤 일을 위해 필요한 것을 마련할 계획을 미리 세운다(눅 14:28-30). 장래에 대한 재정적인 계획은 저축과 투자 계획도 포함한다. 장래에 예상치 않은 어려움이 생길 수 있기 때문에 지혜로운 청지기는 미리 저축한다. 수입의 일부를 저축하지 않는 계획은 어리석은 것이다.

얼마만큼 저축할지에 대해 서로 동의해야 하고, 정기적으로 저축하는 것이 좋다. 많은 기독교 재정 조언자들은 총 예산의 10퍼센트를 저축과 투자에 할애할 것을 제의한다. 그 액수는 당신이 선택할 사항이다. 만일 다른 문제들을 다 처리하고 남은 것을 저축하려 하면 뜻대로 되지 않을 것이다. 자신을 '최우선적인 채권자'로 여기라. 십일조를 드린 후 지출보다 자신을 위한 저축을 우선시하라.

수입의 일정 부분을 정기적으로 저축하는 부부는 비상시를 위한 자금을 확보할 수 있을 뿐만 아니라, 선한 청지기로서의 만족감도 얻을 수 있을 것이다. 어떤 그리스도인들은 자신이 번 돈을 모두 써버리는 것이 더 영적이라고 생각한다. 그러나 그것은 청지기로서의 바람직한 태도가 아니다. 정기적인 저축이 재정 계획에 포함되어야 한다.

만일 10퍼센트를 주님의 일을 위해 드리고 10퍼센트를 저축한다면, 남은 80퍼센트는 융자금 상환비(또는 집세), 난방비, 전기세, 전화비, 수도세, 보험비, 가구 구입비, 식비, 의료비, 의복비, 교통비, 교육비, 레크리에이션비, 인터넷 이용비, 신문비, 잡지 및 도서 구입비, 선물 구입비 등을 위해 사용하면 된다. 이것을 어떻게 배분할 것인지는 당신의 결정에 달려 있지만, 당신이 청지기라는 것을 기억하라. 청지기는 생각 없이 사치를 부리지 못한다. 80퍼센트를 가장 잘 활용하는 방법은 무엇일까?

품질은 다양하며, 같은 품질이라도 가격 면에서 다를 수 있다. 중요한 것은 쇼핑의 지혜다. 2달러를 절감하려고 직영매장으로 차를 몰고 가는 데 5달러의 휘발유 값이 든다는 우스개도 있지만, 지혜로운 사람은 실질적으로 절약할 수 있다. 그런 쇼핑을 하려면 시간과 에너지 그리고 통찰력이 필요하다. 그러나 절약한 돈으로 다른 필요한 것들에 쓸 수 있다. 아내가 쇼핑하고 돌아올 때 나는 얼마나 썼는지 묻지 않고 얼마나 절감했는지 묻는다. 쇼핑 기술에 숙달하는 일은 노력할 만한 가치가 있는 것이다.

끝으로, 부부 각자가 자유롭게 쓸 수 있는 금액을 지출 계획 속에 포함시켜야 한다. 남편이 사탕 하나 사 먹느라고 굳이 아내와 의논할 필요는 없을 것이다.

신용카드

모든 부부가 꼭 논의해야 하는 또 다른 매우 중요한 문제는 신용 구매다. 나는 이것을 극구 만류하고 싶다.

대중매체는 "지금 사고 나중에 지불해요."라고 소리친다. 지금 외상으로 구매하면 나중에 더 많이 지불하게 된다는 말은 언급하지 않는다. 신용 거래의 이율은 11, 12, 15, 18, 21퍼센트 등으로 다양하며 이보다 더 높은 경우도 있다. 따라서 꼼꼼히 살펴봐야 한다.

만일 외상으로 구매해야 한다면 여러 조건을 따져보고 최선의 방법을 결정하라. 대개의 경우 신용 구매를 하기보다는 은행에서 개인 대출을 받는 것이 더 나을 것이다. 당신이 대출금을 갚을 능력이 있다고 판단될 경우, 은행은 기꺼이 돈을 빌려준다. 만일 은행이 당신에게 대출해주지 않는다면 당신은 원하는 것을 구매하지 말아야 할 가능성이 높다.

많은 사람에게 신용카드는 '파산자 모임'의 회원카드로 전락한다. 그것은 충동구매를 부추긴다. 우리 중 대다수는 자신이 감당할 수 있는 범위를 넘어서는 구매 충동을 지니고 있다.

내가 젊은 부부들에게 하고 싶은 조언은 신용카드를 불태워버리는 것이 가장 좋다는 것이다. 그 아름다운 불꽃은 "우리의 형편이 닿지 않는 것은 구입하지 않을 것이다."라고 말해준다.

물론 신용카드가 지출 기록을 남긴다는 점에서 도움을 주며, 대금결제가 신속하게 이루어질 경우에는 별다른 부담으로 남지 않을 것이다. 하지만 대부분의 부부는 필요 이상으로 지출하며, 대금결제 기간도 가급적 길게 잡는다.

왜 우리는 신용거래를 할까? 그것은 우리가 지금 구입할 수 없는 것을 원하기 때문이다.

집을 살 때는 그것이 지혜로운 방법일 수 있다. 어쨌든 집세를 매달 지불해야 하기 때문이다. 집을 잘 사두면 앞으로 그 집값이 오를 것이다. 계약금을 확보하고 있고 매달 불입할 금액을 마련할 수 있다면, 그것은 지혜로운 구매다.

그러나 대부분의 물건은 우리가 구매하는 순간부터 값이 떨어지기 시작한다. 우리는 우리의 형편이 닿지 않는 것을 구매한다. 구입한 물건의 가치는 계속 하락하는데도 구매 대금과 카드 이자까지 지불한다. 그 이유가 무엇일까? 그 물건이 주는 순간적인 즐거움 때문이다. 과연 이것이 책임 있는 청지기의 모습이겠는가?

분명 우리 사회에는 '필수품'이 있다. 하지만 갓 결혼한 부부가 그들의 부모들이 30여 년 걸려서 마련한 것을 1년 안에 소유해야 한다고 생각하는 이유는 무엇일까? 왜 당신은 지금 당장 가장 좋고, 가장 큰 것을 가져야만 하는가? 그런 철학은 열망과 획득의 기쁨을 파괴한다.

당신은 곧바로 얻는다. 하지만 그 기쁨은 잠깐이고, 그 후에는 대금을 지불하느라 여러 달 동안 고통당한다. 왜 그런 불필요한 압박을 자초하는가?

실제로 삶의 '필수품'들은 별로 많지 않다. 현재의 수입으로 그것들을 채울 수 있다(만일 당신이 실업자라면 사회에서 도움을 제공하기도 한다. 미국에서는 가장 궁핍한 사람도 필수품을 얻을 수 있다).

나는 더 좋고 많은 것을 갖고 싶어하는 열망을 반대하지 않는다. 그것이 바르게만 쓰인다면 말이다. 다만 나는 당신이 미래보다는 현재에 살고 있음을 상기시키고 싶다. 미래의 기쁨은 미래의 일로 남겨두라. 오늘 가진 것으로 오늘을 즐기라.

여러 해 동안 아내와 나는 재미있는 게임을 즐겨왔다. 모두가 지녀야 한다고 생각하지만 우리는 지니지 않고 생활할 수 있는 것이 얼마나 많은지 찾아보는 게임이다. 그것은 궁핍했던 대학원 시절을 견디기 위해 시작되었지만 지금까지 지속되고 있다.

그 게임은 이런 식이다. 금요일 밤이나 토요일에 우리 부부는 함께 상점에 가서 눈에 들어오는 것을 이것저것 살핀다. 상표를 읽고 멋진 물건들을 보며 감탄한다. 그리고 서로를 바라보며 "우리가 저걸 굳이 살 필요가 없다니 정말 다행이죠."라고 말한다. 사람들이 짐 꾸러미를 잔뜩 안고 나갈 때 우리는 행복해지는 데 굳이 '물건'이 필요하지는 않다는 사실에 기뻐하며 함께 손을 잡고 걸어 나간다. 나는 젊은 부부들 모두에게 이 게임을 추천하고 싶다.

오늘날 많은 사람이 지혜롭지 못한 신용 구매 때문에 속박당하고 있다. 나는 하나님의 자녀가 속박당하는 것은 그분의 뜻이 아니라고 믿는다. 절대로 신용 구매를 하면 안 된다고 말하는 것이 아니다. 신용 구매를 하기 전에 기도와 토론, 그리고 필요하다면 신뢰할 만한 재정 전문가와의 상담이 선행되어야 한다고 말하고 싶다. 이 단계를 거쳤다면 오늘날 재정적으로 속박된 많은 그리스도인 부부들이 자유롭게 거리를 활보했을 것이다.

창의적인 예산 편성

재정 문제에 대한 성경의 또 다른 실제적인 가르침은 우리의 창의력과 관련된 것이다. 사람은 본능적으로 창의적이다. 예술박물관과 산업박물관이 이 창의성을 조용히 증언한다. 우리는 창조주 하나님의 형상으로 지음 받았기에 엄청난 창의적 잠재력을 지니고 있다. 이 창의성을 재정적인 분야에 활용하는 그리스도인 부부는 귀한 자산을 발견할 것이다. 재봉, 중고가구 수리, 버린 물건 재활용 등이 예산에 큰 도움을 줄 수 있다. 창의력을 잘 활용하여 판매할 수 있는 물건을 만들 수도 있다.

몇 년 전, 나는 멕시코 최남단의 치파스에서 열린 위클리프성경번역 선교회의 정글 캠프로 몇 명의 대학생을 데려갔다. 거기서 우리는 열대 환경에서 생활하는 훈련을 받고 있는 선교사들을 보았다. 그들은 정글에서 구할 수 있는 재료들로 집, 화덕, 의자, 침대 등을 만드는 법을 배웠다.

나는 그 경험을 여러 차례 회상했다. 만일 그런 창의성을 미국의 평범한 그리스도인 부부가 활용할 수 있다면 어떤 유익을 얻을 수 있을까? 당신의 집을 스스로 지으라고 권하는 것이 아니다. 다만 자신과 다른 사람들의 유익을 위해 자신의 창의성을 활용할 것을 권하는 것이다.

가계부 관리

이제 '가계부를 누가 쓸 것인가?'라는 질문이 남는다. 나는 반드시 남편이 그 일을 맡아야 한다고 생각하지 않는다. 그런 결론을 뒷받침하는 성경적인 근거는 없다. 그러나 부부는 수표나 계산서에 사인하거나, 수입과 지출의 균형을 맞추거나, 돈이 계획대로 지출되고 있는지 점검하는 일을 맡을 사람을 명확히 결정해야 한다. 부부가 재정적인 부분을 상세히 의논하다보면 그런 일을 누가 더 잘할지 쉽게 파악할 수 있다.

가계부 기록을 맡은 사람이 재정적인 결정을 내리는 것까지 맡아야 한다는 뜻은 아니다. 그 결정은 팀 차원에서 내려져야 한다. 부기 담당자가 그 일을 영구적으로 맡아야 하는 것도 아니다. 6개월 단위로 부기 일을 서로 바꾸어서 맡을 수도 있다. 다만 부부의 다양한 아이디어와 방법으로 두 사람의 자원을 최대한 활용해야 한다.

하지만 부기를 맡고 있지 않은 사람도 그 방법과 기록 내용에 대해 잘 알고 있어야 한다. 둘 중 한 사람이 먼저 세상을 떠날 것이기 때문이다. 이와 같이 그리스도인 청지기는 현실적이어야 한다.

Point

당신이 팀원임을 기억한 채 본 장에서 논의된 성경적인 지침들과 재정적인 결정에 동의한다면, 돈이 당신의 신실한 종이라는 것을 발견하게 될 것이다. 반면, 성경의 원칙을 무시하고 자연스럽게 드는 기분에 따라 행한다면 수많은 그리스도인 부부에게 닥친 재정적인 위기를 당신도 곧 당하게 될 것이다.

최근에 그 위기를 느끼고 있다면 오늘 당장 과감한 변화를 시도해야 한다. 빠져나갈 길은 있다. 그 문제를 해결할 만한 명쾌한 아이디어가 떠오르지 않는다면, 어떤 수를 써서라도 은행원이나 재정적인 문제에 능숙한 그리스도인 친구에게 상담을 의뢰하라.

재정적인 문제 때문에 하나님과 동행하는 데 방해받지 않도록 주의하라. 재정을 목적 달성의 수단으로, 하나님과 함께하는 삶을 향상시키는 방편으로 활용하라.

물론 재정 문제를 잘 의논하여 처리한다고 해서 당신이 늘 바라는 결혼생활이 보장되는 것은 아니다. 다만 그것은 건강한 결혼생활의 중요한 요소일 뿐이다.

하나님과의 연합과 서로간의 연합이 결혼생활의 목적이라는 것을 기억하라. 의사소통,

의사 결정, 성적인 표현, 재정, 그리고 부부간의 일상적인 여러 관계에서 연합할 때, 조만간 당신이 늘 바라는 결혼생활을 누릴 수 있을 것이다.

THE MARRIAGE YOU'VE ALWAYS WANTED

부부행복 실천연습 9

1. 당신의 재정 상태를 평가해보라. 한 달 동안 지출 내역을 상세하게 기록하고, 월말에 각 항목에 지출된 내역과 금액을 목록으로 만들라. 자동차 보험료처럼 6개월이나 1년 단위로 지불해야 할 금액을 월 단위로 나누어 이 목록에 추가하라. 이것은 임금 대비 현실적인 지출액을 보여 줄 것이다(부수적인 잡비들도 참작하라).

2. 수입의 최소 10퍼센트를 주님의 일을 위해 드리는가? 그렇게 해야 한다고 동의하는가?

3. 수입의 최소 10퍼센트를 저축이나 투자에 할애하는가? 그렇게 해야 한다고 동의하는가?

4. 수입의 첫 10퍼센트를 주님께 드리고, 두 번째 10퍼센트를 자신에게(저축에) 할애하는 월 계획을 세우라. 그리고 나머지 80퍼센트를 다른 지출에 배분하라.

(당신에게 빚이 많다면 이 계획 때문에 빚이 늘어날 수도 있다는 것을 유의하라. 빚을 청산하고 매월의 지출을 위해 은행에서 추가 대출을 받을 수도 있다).

5. 1-4번까지의 내용을 배우자와 함께 의논하여 합의점을 찾으라. 계획 세우기가 힘들면 그리스도인 재정설계사의 조언을 받으라.

6. 신용카드 사용 계획을 배우자와 함께 의논하여 합의점을 찾으라.

7. 배우자와 의논하지 않고서는 지출이 큰 품목을 구매하지 않겠다고 동의할 수 있는가? 지출이 큰 품목의 기준 금액을 의논하라.

8. 당신은 재정적으로 자유로운가? 그렇지 않다면 지금의 상황을 바꾸기 위해 어떻게 하겠는가? 배우자와 함께 의논해보고 바로 행동에 옮기라.

마치는 글

내가 먼저
그런 배우자가 되자

　서로를 비참하게 만들기 위해 결혼한 부부는 없을 것이다. 대부분의 사람들은 서로 사랑하고 도우며 이해해주는 배우자를 원한다. 그리고 그런 배우자를 얻는 가장 빠른 방법은 자신이 먼저 사랑하고 도우며 이해해주는 배우자가 되는 것이다.

　배우자와 함께 이 책을 읽고 진지하게 의논한다면, 늘 원했던 결혼생활을 찾을 수 있게 될 것이다.

　배우자가 관심을 보이지 않는다면, 나는 당신이 이 책에 있는 내용을 자신의 삶에 적용하라고 권하고 싶다. 애정 어린 말과 태도로 표현되는 긍정적인 자세를 계발하기 위해 노력하라. 당신의 영혼 속에서 하나님이 역사하실 때, 당신은 배우자에게 긍정적인 영향을 발휘하는 도구가 될 수 있다.

결혼생활의 성장은 시간과 노력을 필요로 하지만, 그것은 첫 걸음을 내딛는 것에서부터 시작된다.

이 책이 당신에게 유익했다면 행복한 결혼을 꿈꾸는 친구들에게도 권해주기 바란다.

| 함께 읽으면 좋은 게리 채프먼의 책들   Gary D. Chapman

나의 사랑은 상대방에게 이해되고 있는가?

남편은 격려의 말을 듣기 원한다.
그러나 아내는 말없이 맛있는 저녁 식사를 준비함으로써
남편을 격려하려고 한다.
그래서 남편은 우울해하고 아내는 영문을 모른다.
아내는 아이들 없이 남편과 단둘이 호젓한 시간을 갖기 원한다.
그러나 남편은 아내에게 꽃다발을 안겨줌으로써 사랑을 표현한다.
그래서 아내는 시큰둥하고 남편은 당황한다.
남편은 남편의 방식으로, 아내는 아내의 방식으로 사랑을 표현하는 것이다.
그래서 선한 동기를 가진 부부 사이에도 문제가 생긴다.
그러므로 서로의 사랑의 언어를 알아야 한다.

5가지 사과의 언어
당신의 사과가 전달되게 하라!

"미안하다고 했잖아요!"

왜 당신의 사과가 통하지 않는가? 사랑의 언어가 사람마다 다르듯이 사과의 언어도 다르다.

· 유감 표명　　　"미안해요"
· 책임 인정　　　"내가 잘못했어요"
· 보 상　　　　　"어떻게 해드리면 좋을까요?"
· 진실한 뉘우침　"다시는 그러지 않을게요"
· 용서 요청　　　"나를 용서해주시겠어요?"

결혼생활의 사계절
당신의 결혼생활은 지금 무슨 계절입니까?

결혼생활은 늘 변화한다. 자연처럼 주기적인 변화를 거치지는 않지만 끊임없이 변화하는 것만은 분명하다. 때로는 실망스럽고 외로운 겨울을 맞기도 하고, 희망과 기대와 가능성이 충만한 봄을 맞기도 한다. 편안하고 행복한 여름을 보낼 때도 있고, 불확실하고 우울한 가을을 나기도 한다.

싱글을 위한 5가지 사랑의 언어
싱글인 당신의 사랑의 언어는 무엇인가?

제대로 사랑하고 제대로 사랑받는 것보다 우리를 더 행복하게 하는 일은 없다. 싱글은 어떤 사람이며 사랑이 왜 인간 관계의 열쇠인가? 당신이 이혼했든 사별했든 아직 결혼을 하지 않았든, 당신의 가장 깊은 정서적 욕구는 사랑받는 것이다.

자녀의 5가지 사랑의 언어
자녀의 가슴에 사랑을 심어라!

이제는 자녀의 가슴에 사랑을 심어야 한다. 그 아름답고 지고한 부모의 사랑을 자녀가 이해하게 해야 한다. 그리고 사랑 표현 방법의 차이 때문에 자녀가 그 사랑을 알아차리지 못하는 불행을 막아야 한다.

십대를 위한 5가지 사랑의 언어
부모가 십대를 사랑하는 방법

도전적이고 반항적이고 무책임한 것 같은 모습들. 하루에도 열두 번씩 변하는 기분, 욕구, 행동들. 십대들의 모습은 부정적인 면만 있는가?
아니다. 그들은 변화의 시기를 지나면서 그들 나름대로 적응하기 위해 애쓰고 있는 것이다. 그들에 대한 새로운 이해가 필요하다.

THE MARRIAGE
YOU'VE ALWAYS
WANTED

"사랑은 오래 참고 사랑은 온유하며 시기하지 아니하며 사랑은 자랑하지 아니하며 교만하지 아니하며 무례히 행하지 아니하며 자기의 유익을 구하지 아니하며 성내지 아니하며 악한 것을 생각하지 아니하며 불의를 기뻐하지 아니하며 진리와 함께 기뻐하고 모든 것을 참으며 모든 것을 믿으며 모든 것을 바라며 모든 것을 견디느니라"

_ 고린도전서 13장 4-7절

사명선언문

너희가 흠이 없고 순전하여……세상에서 그들 가운데 빛들로
나타내며 생명의 말씀을 밝혀 _ 빌 2:15-16

1. 생명을 담겠습니다
만드는 책에 주님 주신 생명을 담겠습니다.
그 책으로 복음을 선포하겠습니다.

2. 말씀을 밝히겠습니다
생명의 근본은 말씀입니다.
말씀을 밝혀 성도와 교회의 성장을 돕겠습니다.

3. 빛이 되겠습니다
시대와 영혼의 어두움을 밝혀 주님 앞으로 이끄는
빛이 되는 책을 만들겠습니다.

4. 순전히 행하겠습니다
책을 만들고 전하는 일과 경영하는 일에 부끄러움이 없는
정직함으로 행하겠습니다.

5. 끝까지 전파하겠습니다
모든 사람에게, 땅 끝까지, 주님 오시는 그날까지
복음을 전하는 사명을 다하겠습니다.

서점 안내

광화문점　서울시 종로구 새문안로 69 구세군회관 1층
　　　　　　02)737-2288 / 02)737-4623(F)

강남점　　서울시 서초구 신반포로 177 반포쇼핑타운 3동 2층
　　　　　　02)595-1211 / 02)595-3549(F)

구로점　　서울시 동작구 시흥대로 602, 3층 302호
　　　　　　02)858-8744 / 02)838-0653(F)

노원점　　서울시 노원구 동일로 1366 삼봉빌딩 지하 1층
　　　　　　02)938-7979 / 02)3391-6169(F)

일산점　　경기도 고양시 일산서구 중앙로 1391 레이크타운 지하 1층
　　　　　　031)916-8787 / 031)916-8788(F)

의정부점　경기도 의정부시 청사로47번길 12 성산타워 3층
　　　　　　031)845-0600 / 031)852-6930(F)

인터넷서점　www.lifebook.co.kr